# 劳动教育
## ——观念、方法与实践

主　编　谢　辛
副主编　梁碚嘉　兰云鹏
主　审　徐　飚

电子工业出版社
Publishing House of Electronics Industry
北京·BEIJING

## 内 容 简 介

全书共分为六大主题，主要包括培养劳动观念、端正劳动态度、养成劳动习惯、增强劳动情感、增长劳动知识、提升劳动技能。通过劳动教育，理论与实践相结合，使学生能够牢固树立劳动最光荣、劳动最崇高、劳动最伟大、劳动最美丽的观念，培养勤俭、奋斗、创新、奉献的劳动精神，形成正确的世界观、人生观、价值观。

本书可作为职业院校开展劳动教育的教材，也可供普通读者自学。

未经许可，不得以任何方式复制或抄袭本书之部分或全部内容。
版权所有，侵权必究。

图书在版编目（CIP）数据

劳动教育：观念、方法与实践 / 谢辛主编. —北京：电子工业出版社，2020.8
ISBN 978-7-121-39441-6

Ⅰ. ①劳… Ⅱ. ①谢… Ⅲ. ①劳动教育—职业教育—教材 Ⅳ. ①G40-015

中国版本图书馆 CIP 数据核字（2020）第 156869 号

责任编辑：柯　彤
印　　刷：中煤（北京）印务有限公司
装　　订：中煤（北京）印务有限公司
出版发行：电子工业出版社
　　　　　北京市海淀区万寿路 173 信箱　邮编：100036
开　　本：787×1 092　1/16　印张：9　字数：230.4 千字
版　　次：2020 年 8 月第 1 版
印　　次：2023 年 8 月第 8 次印刷
定　　价：31.00 元

凡所购买电子工业出版社图书有缺损问题，请向购买书店调换。若书店售缺，请与本社发行部联系，联系及邮购电话：(010) 88254888，88258888。
质量投诉请发邮件至 zlts@phei.com.cn，盗版侵权举报请发邮件至 dbqq@phei.com.cn。
本书咨询联系方式：(010) 88254598，syx@phei.com.cn。

## 编委会

**编委会主任**

谢 辛

**编委会副主任**

梁碚嘉　　兰云鹏

**编委会顾问**

徐 飚

**编委会委员**

周 源　　朱 泉　　朱 庆　　李 庆

陈昌友　　程 驰　　孙 毅　　刘 佳

# 前言

2018年，习近平总书记在全国教育大会上指出："要在学生中弘扬劳动精神，教育引导学生崇尚劳动、尊重劳动，懂得劳动最光荣、劳动最崇高、劳动最伟大、劳动最美丽的道理，长大后能够辛勤劳动、诚实劳动、创造性劳动。"2020年，中共中央、国务院印发《关于全面加强新时代大中小学劳动教育的意见》，对新时代劳动教育做了顶层设计和全面部署。

为了给各职业院校开展劳动教育提供参考，我们组织人员编写了本书。通过劳动教育，理论与实践相结合，使学生能够牢固树立劳动最光荣、劳动最崇高、劳动最伟大、劳动最美丽的观念，培养勤俭、奋斗、创新、奉献的劳动精神，形成正确的世界观、人生观、价值观。

全书共分为六大主题，主要包括培养劳动观念、端正劳动态度、养成劳动习惯、增强劳动情感、增长劳动知识、提升劳动技能。每一个主题下设两节内容，每一节内容以习近平总书记关于劳动的重要论述为总领，以小故事为切入点，引导学生对劳动的内涵有更具体、更深入的认知。每一小节设置主题活动，通过劳动实践激发学生的劳动热情。同时，每一小节都含有两个"最美劳动者"故事，用榜样人物引领学生，加强劳动精神、劳模精神、工匠精神教育。

本书不是"应景之作"，而是编者们长期从事职业教育、就业创业教育、企业员工教育教学经验和实践成果的综合沉淀。本书紧密结合地区实际和职校生生活实际，科学合理地选取内容，切实做到以学生为中心。劳动实践设置上综合考量职校生已有的知识技能及本身具有的生活经验，以及活动的真实性和可操作性，务求参与性强、可操作性强。本书从意识层面到知识层面再到实践层面，层层递进，与主题、内容、形式相呼应，符合学生的心理特征和认知养成规律，具有较强的普适性。

本书由管理学博士后谢辛担任主编，梁碚嘉、兰云鹏担任副主编，徐飚担任主审，周源、朱泉、陈勖、蔡黎、万景霞、朱庆、杨小刚、梁川、郑正、程驰、杨淑华、向泉、潘中华、胡建、李雅雯、向彦洁、陈昌友、罗红、余莲芬、何志萍、吴娇、刘益辛、刘佳、后宗瑶老师参与了本书的编写工作，李舒阳为本书创作了插图，在此一并致谢。

当然，受编者水平所限，难免存在不足，由衷地希望使用本书的师生给予宝贵意见，加以批评指正。

编　者

# 目录

**主题一　培育劳动观念** ·················· 1
　　01　一屋不扫，何以扫天下 ············ 4
　　02　自己的事情自己干 ················ 14

**主题二　端正劳动态度** ·················· 23
　　03　天才就是长期劳动的结果 ·········· 26
　　04　一个人自立、自强才是最重要的 ···· 38

**主题三　养成劳动习惯** ·················· 47
　　05　从小养成爱劳动的习惯 ············ 50
　　06　义务劳动就是我最重要的工作 ······ 61

**主题四　增强劳动情感** ·················· 71
　　07　工作无贵贱，劳动最光荣 ·········· 74
　　08　艰辛知人生，实践长才干 ·········· 84

**主题五　增长劳动知识** ·················· 93
　　09　磨刀不误砍柴工 ·················· 96
　　10　我在故宫修文物 ·················· 106

**主题六　提升劳动技能** ·················· 115
　　11　创业，你准备好了吗 ·············· 118
　　12　面向现代化，面向世界，面向未来 ·· 128

# 主题一　培育劳动观念

人类社会的发展、科学技术的进步离不开劳动人民的汗水与智慧。中华民族是热爱劳动、勤于创新的民族，正是各个岗位上的劳动者勤劳的双手和默默无闻的辛勤付出，成就了中华人民共和国 70 多年的辉煌。

劳动是人类的本质活动，劳动光荣、创造伟大是对人类文明进步规律的重要诠释。"民生在勤，勤则不匮。"中华民族是勤于劳动、善于创造的民族。正是因为劳动创造，我们拥有了历史的辉煌；也正是因为劳动创造，我们拥有了今天的成就。

——2015年4月28日，习近平在庆祝"五一"国际劳动节暨表彰全国劳动模范和先进工作者大会上的讲话

## 01 一屋不扫，何以扫天下

东汉时期，有一个人叫陈蕃，他学识渊博，胸怀大志，少年时代发奋读书，并且以天下为己任。

一天，他父亲的一位老朋友薛勤来看他，见他独居的院内杂草丛生、秽物满地，就对他说："你怎么不打扫一下屋子，以招待宾客呢？"

陈蕃回答："大丈夫处理事情，应当以扫除天下的祸患这件大事为己任。为什么要在意一间房子呢？"

薛勤当即反问道："一屋不扫，何以扫天下？"

陈蕃听了无言以对，觉得很有道理。

从此，他开始注意从身边小事做起，最终成为一代名臣。

### 思 考

1. "一屋不扫，何以扫天下"的故事告诉我们什么道理？
2. 有人说，缺乏正确劳动观的人，即使学富五车，也不是德才兼备的人才。你认为这句话对吗？

## 参与活动·谈感受

## 我劳动，我快乐

### 一、活动主题

我劳动，我快乐。

### 二、活动内容

班级大扫除。

### 三、活动宗旨

1. 通过实践活动，从简单的劳动开始，让同学们形成热爱劳动和尊重他人劳动成果的正确观念。

2. 通过体验劳动的快乐，激发同学们对劳动的兴趣，在实践中进行劳动习惯的培养。

3. 通过活动的延伸，把劳动与道德修养、情感体验、人生观和价值观有机结合起来，倡导健康、积极、乐观的生活方式。

### 四、活动主体

全班同学。

### 五、活动实施

1. 召开班级动员会，启动活动，发出号召，强调活动的重要意义。

2. 划分清洁区域，主要包括窗户玻璃、门、黑板、地面、墙顶、电器（吊灯、电扇、空调等）、走廊等区域。

3. 分组，根据清洁区域，将全班同学分成若干个小组，并由小组成员选出组长。

4. 布置任务，先全班后小组，做到分工明确，各司其职，团队协作。

> 医治一切病痛最好的最宝贵的药品，就是劳动。
> ——奥斯特洛夫斯基

5. 做好劳动工具的准备，包括大小扫帚、拖把、簸箕、脸盆、抹布、垃圾袋等。

6. 根据班级部署，统一时间开展活动。

7. 活动结束后，各小组进行交叉检查，发现问题，及时改进。

8. 分享、总结与表彰。先由小组分享总结，然后全班进行总结表彰。

## 活动感受

## 学习探究·说感想

### 劳动的概念

劳动是指人们改变劳动对象使之适合自己需要的有目的的活动。

所谓劳动对象,是人们为生产物质财富而以劳动加于其上的一切东西。

关于劳动,我国宪法明文规定"公民有劳动的权利和义务"。这要求每一个有劳动能力的人,都要把劳动当成自己的光荣职责,必须以国家主人翁的态度对待劳动。

在《中国大百科全书(哲学卷)》中,劳动被定义为"是人类特有的基本的社会实践活动,也是人类通过有目的的活动改造自然对象并在这一活动中改造人自身的过程"。在经济学中,劳动则是指劳动力(含体力和脑力)的支出和使用。

> 灵感不过是"顽强的劳动而获得的奖赏"。
> ——列宾

## 最美劳动者

### 大庆铁人——王进喜

王进喜，新中国第一代钻井工人，中国工人阶级的先锋战士、中国共产党人的楷模、中华民族的英雄。

1938年，年仅15岁的他进入玉门石油公司，与石油结下了最初的缘分。1950年，通过考试，王进喜成为第一代钻井工人，历任玉门石油管理局钻井队队长、大庆油田1205钻井队队长、大庆油田钻井指挥部副指挥。1956年4月29日，他加入了中国共产党。

1960年春，中国石油史上著名的东北松辽石油大会战拉开帷幕，王进喜所在的1205钻井队奉命"参战"。王进喜带领队员刚抵达萨尔图车站，第一件事就是询问钻机和井位的情况。当时，我国的钻井技术和机器设备都相当落后，再加上井位所处的自然环境极其恶劣，钻井任务困难重重。但王进喜硬是用撬杠撬、滚杠滚、大绳拉等简陋且原始的办法，带领钻井队成功卸下钻机，将其顺利搬运至指定区域——萨55井井区。经过大家的艰苦奋战，第一口井胜利完钻。就在钻井队准备搬往第二口井时，王进喜不慎被砸晕，右腿受伤。他醒后不顾伤势，挂拐坚持指挥钻井工作。谁也没预料到，当钻到地下约700米深度时，骤然爆发了井喷。此情此景，刻不容缓，王进喜奋不顾身，飞身跃入泥浆池，以身为杆，来回搅拌。见此情景，其他队员也纷纷跳进泥浆池，在众人的努力下终于制服了井喷。

王进喜顽强拼搏的意志和艰苦奋斗的品格，足以承受"油田铁人"的荣誉。他淋漓尽致地彰显了"铁人精神"，是我国石油发展史上不朽的典范。

## 最美劳动者

### 从技校走出的副教授——聂凤

2015年8月,22岁的重庆姑娘聂凤在巴西举行的世界技能大赛上,作为中国的唯一选手,一举夺得美发行业冠军,实现中国美发行业零的突破,被破格提为副教授。

聂凤出生在重庆市一个普通的工人家庭,初中毕业时,她在电视上看到美发造型节目,美发师能把头发做得那么好看,深感神奇的她便被这一行深深吸引。机缘巧合下,她拜师重庆美发行业的领军人物——何先泽,并跟着他开始在重庆五一高级技工学校学习美发与形象设计专业。2011年,聂凤参加了第41届世界技能大赛的全国选拔赛,名落孙山。2013年,第42届世界技能大赛的全国选拔赛,她最终名列第三,也未能代表中国队出征。接下来,又是两年的备战,她每天早上7点起床训练,晚上12点才结束,加上春节假期在内,她全年休假时间没超过10天。

2015年8月12日,聂凤代表中国参加第43届世界技能大赛美发项目。大赛共设有8个发型项目,3800多张评分表,时间为20个小时,分4天完成,所有的内容必须在台上进行。比赛时,女士基础发型项目耗时最长,聂凤在台上站了整整4小时15分钟,发挥出了自己的最高水准。

如今,她的身份除了是学校的一名教师外,还是中国国家美发集训队的教练,担负着培养中国优秀美发师的重任。"希望我能在教师、教练的岗位上,带出一批具备'工匠精神'、受国际认可的学生来,为重庆培养更多的技能人才。"聂凤说。

## 劳动体验·话感悟

## 家园劳动体验

| 活动目的 | 培育劳动观念 | 活动范围 | 家庭 |
|---|---|---|---|
| 活动内容 | （1）整理衣服；（2）整理床铺；（3）整理房间 | | |
| 活动目标 | （1）认知性目标：了解5S管理的内容；采用上网等学习方式了解快速整理衣服、整理床铺和整理房间的方法。<br>（2）参与性目标：通过搜集资料等方式，学会整理衣服、整理床铺和整理房间的方法。<br>（3）体验性目标：体会劳动过程的辛劳及劳动创造美好生活的快乐，乐于与人分享劳动成果，并能欣赏别人的劳动成果。<br>（4）技能性目标：通过动手操作实践，能快速整理衣服、整理床铺和整理房间。<br>（5）创造性目标：能够发现问题，并能利用网络等工具创造性地解决问题 | | |
| 活动安全 | （1）正确使用相关的劳动工具，使用工具时要注意安全。<br>（2）整理房间时注意家用电器产品，勿乱拉乱拆电线、电源线、电缆线等。<br>（3）搬动物品或家具时，注意物品或家具上方有无重物、橱柜门窗是否固定好 | | |
| 活动准备 | （1）列一张表格，确定要做的家务（整理衣服、整理床铺、整理房间）及花费的时间等。<br>（2）准备好要整理的衣服等。<br>（3）手机或相机 | | |
| 活动过程 | 以整理衣服为例：<br>（1）先用手机拍张现状图。<br>（2）按照衣服的季节先分两堆，厚衣物堆和薄衣物堆：厚的衣服有羽绒服、棉袄、棉裤、毛裤、手套、帽子、毛袜子等；薄的衣服有短裤、半袖、短袖、半裙、连衣裙、薄袜子、凉帽等。<br>（3）按照上身衣服和下身衣服分类，把刚才的两堆衣服再拆分。把厚衣服堆拆分成两半，一半是上身的衣服，一半是下身的衣服。同理，再把薄衣服那堆拆分成两半，同样是一半上身衣服一半下身衣服。 | | |

| 活动过程 | （4）把刚才堆成小堆的衣服装箱。衣柜用来装一些这个季节常穿的衣服，等到换季的时候再把它们分类装进对应的收纳箱子或盒子里。<br>（5）有些容易褶皱的衣物不方便放在收纳盒里的，可以按照搭配挂在一起。<br>（6）在收纳箱和收纳袋的表面贴上标签，写明自己放了什么，并把标签朝向自己放置，能够一眼看到。<br>（7）整改后，再用手机拍张现状图。<br>（8）将整理前后的照片进行对比，并在小组同学中分享 |
|---|---|

💬 **体 验 感 悟**

_____
_____
_____
_____

## 总结反思·讲感触

| 本活动我感触最深的是 | |
|---|---|
| 本活动我有优势的地方是 | |
| 本活动我欠缺的地方是 | |
| 未来我将采取的措施是 | |
| 想对自己说 | |

> 只有人的劳动才是神圣的。——高尔基

## 活动拓展·聊感慨

**走进军营**

结合学校军训，组织学生参观当地部队营房，从中学习部队战士整理衣服、整理床铺和整理房间的方法。

## 活动感慨

幸福不是毛毛雨,幸福不是免费午餐,幸福不会从天而降。人世间的一切成就、一切幸福都源于劳动和创造。

——2015年6月1日,习近平会见中国少年先锋队第七次全国代表大会全体代表时强调

## 02 自己的事情自己干

唐朝百丈怀海禅师，立下一套极有系统的寺庙规矩，即有名的"百丈清规"。

百丈禅师倡导"一日不作，一日不食"的农禅生活。这种改革，曾经遇到许多困难，因为佛教一向是以戒为规范的生活，而百丈禅师改进制度，以农禅为生活，甚至有人批评他为外道。他每日除了领众僧修行外，必亲自劳役，勤苦工作，自食其力，十分认真，对于平常的琐碎事务，尤不肯假手他人。

后来，百丈禅师渐渐年纪大了，但他每日仍随众上山担柴、下田种地，弟子们不忍心让年迈的师父做这种粗重的工作，恳请他不要随众出坡、劳动服务，但百丈禅师仍以坚决的口吻说："我无德劳人，人生在世，如果不亲自劳动，那不成了废人吗？"

弟子们阻止不了禅师劳作的决心，只好将禅师所用的扁担、锄头等工具藏起来，不让他做工。百丈禅师无奈，只好用绝食的行为抗议，弟子们焦急地问道："为何不饮不食？"百丈禅师说："既然没有工作，哪能吃饭呢？"弟子们没办法，只好将工具又还给他，让他随众生活。

百丈禅师主张"一日不作，一日不食"，这已经成为教内的古训。世界因劳动而改变，历史由劳动而发展，劳动可以改善物质生活、精神世界，可以强健体魄、开发智慧，可以注入生命的活力，可以获得满足感、成就感、幸福感。

### 思考

1. "一日不作，一日不食"的故事告诉我们什么道理？
2. 有人觉得工作中取得了成绩就该坐享其成，你觉得这样对吗？

## 参与活动·谈感受

### 我自立，我成长

#### 一、活动主题
我自立，我成长。

#### 二、活动内容
学校餐厅劳动。

#### 三、活动宗旨
1. 通过参与餐厅劳动，让同学们理解每个岗位劳动的价值。
2. 通过餐厅服务劳动，让同学们体验餐厅员工日常工作，加深对就餐秩序和就餐卫生的了解。培养同学们的节约意识、规矩意识。
3. 通过活动的延伸，把劳动与品质养成、意识培养等结合起来，倡导同学们热爱劳动、尊重劳动、理解他人。

#### 四、活动主体
全班同学。

#### 五、活动实施
1. 召开班级动员会，启动活动，强调本次活动的内容、注意事项及活动意义。
2. 安排工作内容，餐厅劳动体验活动主要包括为学生盛菜、餐厅餐桌清洁、餐盘回收整理及餐具清洗等内容。
3. 强调注意事项，由于学校餐厅卫生管理的特殊要求，请每位同学按规定整理好头发、按要求着装。
4. 分组，根据劳动分工，将全班同学分成若干个小组，并由小组成员选出组长。
5. 布置任务，在学校餐厅工作人员的指导下，以小组为单位，做到分工明确，各司其职，团队协作。
6. 做好劳动工具的准备，包括头套、口罩、一次性手套及专用抹布（按照学校餐厅管理特殊要求，尽量选择食堂专用清洁工具）。

> 劳动一日，可得一夜的安眠；勤劳一生，可得幸福的长眠。
> ——达·芬奇

7. 根据班级部署，统一时间开展活动。
8. 活动结束后，食堂工作人员对同学们的劳动态度、劳动成果进行点评。
9. 分享、总结与表彰。小组分享总结，谈劳动感受，最后全班进行总结表彰。

### 活动感受

## 学习探究·说感想

### 一、劳动的价值

劳动是整个人类生活的第一个基本条件，而且达到这样的程度，以致我们在某种意义上不得不说：劳动创造了人本身。

劳动是社会历史的起点。劳动创造了人，劳动推动了人类社会的产生和发展。

### 二、劳动教育的基本内涵

劳动教育是国民教育体系的重要内容，是学生成长的必要途径，具有树德、增智、强体、育美的综合育人价值。实施劳动教育重点是在系统的文化知识学习之外，有目的、有计划地组织学生参加日常生活劳动、生产劳动和服务性劳动，让学生动手实践、出力流汗，接受锻炼、磨炼意志，培养学生正确劳动价值观和良好劳动品质。

> 整个人生就是思想与劳动，劳动虽然是无闻的、平凡的，却是不能间断的。
> ——冈察洛夫

## 最美劳动者

## "燕京第九景"——张秉贵

　　生于1918年的张秉贵，是土生土长的北京人。他曾是北京市百货大楼的糖果柜台售货员。30多年来，他尽职尽责，严以律己，以饱满的"为人民服务"的热情，成为新中国商业战线上的一面亮丽旗帜。

　　1929年，只有11岁的张秉贵已经是一名纺织工人，6年后，他进入北京一家杂货店当学徒。那段艰难岁月，令他不堪回首，但杂货店学徒的经历也为他积攒了丰富的销售经验。1954年，即将开门营业的北京百货大楼发出招聘公告，在全社会范围内公开招聘营业员，年龄限制25岁以下。那时的张秉贵已经36岁了，但他却凭借多年的销售经验被破格录取。

　　入职五年后，因工作调整，张秉贵由糕点柜台调至糖果柜台。作为当时全国最大的商业中心，北京市百货大楼人流密集，顾客众多，又因物资相对匮乏，排长队是司空见惯的事。为了缓解这种状况，更好地服务顾客，张秉贵苦练售货技术和心算法，练就了"一抓准""一口清"技艺。前者指一把就能抓准分量，后者则指一开口就能说清价格。在长期接待顾客的过程中，他还摸索出了一种提高工作效率、提升服务品质的工作方法——接一问二联系三。具体指接待第一位顾客的同时，了解第二位顾客的需求，与第三位顾客打好招呼，做好准备。为了精通糖果的相关知识，他还经常利用休息日前往工厂、医院和研究单位深入学习。

　　晚年，他仍步履不歇，辗转全国各地，只为将自己"一团火"的服务经验传授给每一位同行。"燕京第九景"，是北京人民对张秉贵售货艺术的高度赞誉，他当之无愧。

## 最美劳动者

### 金牌这样练成——袁强

袁强，全国向上向善好青年，首届山东省青年技能形象大使、全国技术能手、山东省技术能手、山东省齐鲁首席技师。

初中时，他的成绩令人忧虑，是年级倒数的常客，父母既痛心又失望。中考落榜后，为了减轻父母的负担，袁强报名进入了山东工业技师学院，开始了他在技工院校的学习生涯。袁强一开始学习的是车工专业，但在一次训练中，他不慎碰断了一根昂贵的钻头。在无比自责、难以释怀的情绪下，他退出了车工专业，转而学起电气知识。学过电工的都知道，被电击是常有的事情，袁强的手上伤痕累累。在学校教练的激励下，袁强选择学习了工业控制项目，这是他第一次接触，也是缘分的起始。

2015年底，学校举办工业控制选拔赛，袁强报名参赛，最终因专业基础薄弱，第一轮就被淘汰出局。但他并未就此放弃，反而积极向教练申请，争取到了旁听观摩训练的机会。他努力抓住了机会，在新一轮比赛中成功复活，成为种子选手。面对挫折，永不言败的袁强乘胜而进，以全国选拔赛第一名成绩入选国家集训队。在备赛的两年里，训练时间高达日均15个小时，总休息时间不满20天。就是在这样的高强度训练下，袁强的技术不断进步，一举夺得第44届世界技能大赛工业控制项目金牌，为祖国争得了荣誉。

赛后，袁强感慨道："作为一名技校学生，为了登上世界技能大赛巅峰所付出的一切，我无怨无悔。"他用奋斗的青春实现人生理想，书写属于自己的青春华章。

## 劳动体验·话感悟

## 家园劳动体验

| 活动目的 | 培育劳动观念 | 活动范围 | 家庭 |
|---|---|---|---|
| 活动内容 | （1）摘菜；（2）洗菜；（3）炒菜 | | |
| 活动目标 | （1）认知性目标：采用上网等学习方式了解炒菜的步骤和方法。<br>（2）参与性目标：通过询问家人、查询菜谱等学会炒菜的方法。<br>（3）体验性目标：体会做饭过程的辛劳及体验炒菜的乐趣，与家人分享劳动成果。<br>（4）技能型目标：通过动手操作实践，掌握炒菜的技术和方法。<br>（5）创造性目标：在炒菜的过程中，能够发现问题，根据家人的口味和爱好创新菜品的烹饪方法 | | |
| 活动安全 | （1）正确使用刀具，使用刀具时要注意安全。<br>（2）做饭时注意正确使用煤气、天然气和用火用电安全。<br>（3）炒菜时注意正确操作，避免烧伤、烫伤。<br>（4）注意原料搭配禁忌，避免食物中毒 | | |
| 活动准备 | （1）列一张菜单，确定要炒的菜谱（菜的种类、辅料的搭配、烹饪的方法）及花费的时间等。<br>（2）清洗并准备好菜和其他配料。<br>（3）手机或相机 | | |
| 活动过程 | 以西红柿炒蛋为例：<br>（1）准备食材。<br>（2）烧开水，将西红柿烫一分钟，去皮。<br>（3）西红柿切块；青椒、洋葱切片；鸡蛋打入碗中；葱蒜切片，另一蒜瓣切末。<br>（4）锅里放油烧热，将蛋液倒入。<br>（5）蛋液凝固后翻面，用筷子搅成大块，盛出。<br>（6）锅里放少量油，将葱蒜放入炒香。 | | |

| 活动过程 | （7）倒入西红柿，翻炒均匀。<br>（8）加盐调味，翻炒均匀。<br>（9）将青椒和洋葱放入翻炒均匀。<br>（10）将鸡蛋放入，加入蒜末，翻炒均匀，关火。<br>（11）翻炒均匀就可出锅，用手机拍照。<br>（12）盛菜出盘，与家人一起分享 |
|---|---|

## 体验感悟

## 总结反思·讲感触

| 本活动我感触最深的是 | |
|---|---|
| 本活动我有优势的地方是 | |
| 本活动我欠缺的地方是 | |
| 未来我将采取的措施是 | |
| 想对自己说 | |

劳动是社会中每个人不可避免的义务。——卢梭

## 活动拓展·聊感慨

### 走进校园物业服务中心

结合实际,组织学生参观学校物业管理公司,了解物业管理日常服务的项目、内容及标准规范,并体验校园清洁、绿化、安保、宿管等工作。

### 活 动 感 慨

# 主题二　端正劳动态度

中华民族具有崇尚劳动、勤于劳动的传统美德。过去挥汗如雨苦干，创造了历史的瑰丽文明；现在科学劳动勤干，实现了太空"嫦娥"奔月，大地高铁驰骋，"蛟龙"下海。人民丰衣足食，用劳动托起了一个充满蓬勃生机的现代中国。

全面建成小康社会，进而建成富强民主文明和谐的社会主义现代化国家，根本上靠劳动、靠劳动者创造。因此，无论时代条件如何变化，我们始终都要崇尚劳动、尊重劳动者，始终重视发挥工人阶级和广大劳动群众的主力军作用。这就是我们今天纪念"五一"国际劳动节的重大意义。

——2015年4月28日，习近平在庆祝"五一"国际劳动节暨表彰全国劳动模范和先进工作者大会上的讲话

## 03　天才就是长期劳动的结果

在春秋战国时期，有一位有钱人为了造一座大宫殿，命令鲁班必须赶在开工的黄道吉日前 15 天内伐出 300 根梁柱。鲁班不敢怠慢，于是带着徒弟们起早贪黑，挥起斧头，一连砍了 10 天。一个个累得筋疲力尽，结果只砍了 100 来棵大树。眼看规定的期限就要到了，还差三分之二怎么办呢？鲁班躺在床上翻来覆去地睡不着。于是他爬起来，摸黑朝山上走去，走着走着，鲁班突然觉得手被什么东西划出一道口子，出血了。什么东西这么锋利，把鲁班满是老茧的手都划破了？他仔细地查看，原来是丝茅草划的，这种草的叶子边缘长着锋利的小细齿。他灵机一动，"我也可以用边缘带有细齿的工具去锯树呀"。于是他赶紧用毛竹做了一条带细齿的竹片去锯树，竹片一拉树皮就破了，再一用力，树干出了一道深沟。鲁班马上请铁匠按照自己做的竹片，打了带锯齿的铁条，用它去锯树，真是快极了，结果鲁班和他的徒弟们只用了 13 天就完成了砍伐任务。鲁班就这样发明了锯。

有一天，有钱人要鲁班做一个光光滑滑的大箱子。有钱人给鲁班的是木纹粗且疤节很多的木料。当时砍木料的工具只有斧子，想把木料砍得光光滑滑，这可把鲁班难倒了。为了解决这个问题，鲁班磨了一把小的薄薄的斧子，上面盖了块铁片，只让斧头露出一条窄刃。鲁班用这窄刃在木料上推，一推，木料推下来薄薄一层木片。推了十几次，木料的表面又平整又光滑，比过去用斧子砍可强多了。刨子，就这样诞生了。

还有一个神奇的发明——墨斗（用于设定建筑工程），这项发明居然是受其母亲剪裁和缝制衣服的启发。鲁班是一个能工巧匠，他一生发明了许多手工工具，如锯、钻、刨子、铲子、墨斗、曲尺，还有家庭用的石磨等。而每一件工具的发明，都是在实践中得到启发，经过反复研究、试验创造出来的。

### 思 考

1. 从鲁班的发明故事中得到什么启示？
2. 伟大的发明家牛顿说"天才就是长期劳动的结果"，你认同吗？

## 参与活动·谈感受

### 我劳动，我美丽

#### 一、活动主题
我劳动，我美丽。

#### 二、活动内容
捡校园垃圾。

#### 三、活动宗旨
1. 通过实践活动，体验劳动创造美丽，让同学们有一定的成就感。
2. 了解环境污染的危害，增强保护环境的意识，积极参与环保行动，不乱扔垃圾，尊重劳动，创建绿色校园。
3. 通过捡垃圾，知道垃圾的来源、分类、处理及危害。
4. 通过实践活动，使同学们认识减少垃圾的重要性，树立节俭意识，关注自然、关注社会，促进同学们的社会性发展。

#### 四、活动主体
全班同学。

#### 五、活动实施
1. 召开班级动员会，讲清本次活动的意义和注意事项。
2. 划分捡垃圾的区域，把校园分为教室走廊、寝室、食堂餐厅、运动场、花园、校园道路等区域。
3. 分组布置任务，按照划分的区域分为相应的几个小组，并指定组长，各小组成员在组长的带领下完成任务。
4. 分组讨论垃圾如何分类存放。
5. 做好劳动工具的准备，如垃圾袋、钩子、夹子、铲子等。
6. 在教师的指导下，各组统一开始行动。
7. 把捡到的垃圾，按照分类正确放入垃圾箱。
8. 对现场发现乱丢乱扔的同学进行教育。

> 虚荣之于我们不啻是劳动的激素，休息的油膏；它紧紧依附在生命之泉上。
> ——拉斯金

9. 活动结束，要求同学们认真仔细洗手。
10. 小组讨论交流垃圾分类的心得。

## 活动感受

_____
_____
_____
_____

## 学习探究·说感想

### 一、垃圾分类的概念

垃圾分类，一般是指按一定规定或标准将垃圾分类储存、分类投放和分类搬运，从而转变成公共资源的一系列活动的总称。分类的目的是提高垃圾的资源价值和经济价值，力争物尽其用。

习近平强调，实行垃圾分类，关系广大人民群众生活环境，关系节约使用资源，也是社会文明水平的一个重要体现。进行垃圾分类收集可以减少垃圾处理量和处理设备，降低处理成本，减少土地资源的消耗，具有社会、经济、生态等几方面的效益。

### 二、垃圾的种类

垃圾可分为：可回收物、厨余垃圾、有害垃圾和其他垃圾。

可回收物是指可回收物质循环使用和资源再利用的废物。主要包括：金属类（易拉罐、金属厨具及其他铜铁铝等金属制品）、玻璃类（玻璃杯、玻璃瓶、碎玻璃等玻璃器皿）、纸类（报纸、杂志、图书、纸箱、纸盒、饮料盒、纸杯、碎纸及其他未受污染的纸质品）、塑料类（泡沫塑料、塑料瓶、塑料桶、塑料盒、塑料盆、塑料杯、塑料袋等)。

厨余垃圾主要来源于居民家庭产生的垃圾，包括剩饭剩菜、过期食品、菜梗菜叶、瓜果皮壳、动物骨骼和内脏、蛋壳、茶叶渣等。在有些地方也称湿垃圾。

有害垃圾主要包括充电电池、纽扣电池、废旧灯泡、电路板、过期药品、废弃水银温度计等。

其他垃圾是指除可回收物、厨余垃圾、有害垃圾以外的生活垃圾，包括受污染的纸巾、受污染的食品袋、废弃保鲜膜、废弃陶瓷制品、烟头、清扫的灰尘等。

简单来说，厨房所生产的垃圾就是厨余垃圾；我们可以拿去卖钱的东西是可回收物；物品里含有一些化学成分的是有害垃圾；前面没有适合的就是其他垃圾。

在进行垃圾分类的居民小区，都设有分类垃圾收集点，并分别配备了分类收集容器，其中可回收物的收集容器为蓝色，厨余垃圾的收集容器为绿色，有害垃圾的收集容器为红色，其他垃圾的收集容器为灰色。

垃圾分类是一种新时尚，在本质上垃圾分类为四类，只是各个地方叫法不同。如表2-1。

表2-1 各地关于垃圾分类的表述

| 城市 | 分类 | | | |
|---|---|---|---|---|
| 上海 | 可回收物 | 有害垃圾 | 湿垃圾 | 干垃圾 |
| 北京 | 可回收物 | 有害垃圾 | 厨余垃圾 | 其他垃圾 |
| 杭州 | 可回收物 | 有害垃圾 | 易腐垃圾 | 其他垃圾 |

劳动受人推崇。为社会服务是很受人赞赏的道德理想。——杜威

| 厨余垃圾 | 其他垃圾 | 有害垃圾 | 可回收物 |
|---|---|---|---|
| 菜叶 | 旧浴缸 | 漆桶 | 塑料瓶 |
| 橙皮 | 盆子 | 电池 | 食品罐头 |
| 葱 | 坏马桶 | 打火机 | 玻璃瓶 |
| 饼干 | 旧水槽 | 创可贴 | 易拉罐 |
| 番茄酱 | 贝壳 | 酒精 | 报纸 |
| 蛋壳 | 化妆刷 | 调色板 | 旧书包 |
| 西瓜皮 | 坛子 | 油漆 | 旧手提包 |
| 马铃薯 | 海绵 | 过期的胶囊药物 | 旧鞋子 |
| 鱼骨 | 花生壳 | 温度计 | 牛奶盒 |
| 甘蔗 | 菜板 | 过期药片 | 旧塑料篮子 |
| 玉米 | 砖块 | 荧光灯 | 旧玩偶 |
| 骨头（鸡、鸭、鹅） | 卫生纸 | 蓄电池 | 玻璃壶 |
| 虾壳 | 篮球 | 医用棉签 | 旧铁锅 |
| 蛋糕 | 桃核 | 杀虫剂 | 垃圾桶 |
| 面包 | 杯子 | 水彩笔 | 旧镜子 |
| 草莓 | 陶瓷碗 | 农药瓶 | 牙刷 |
| 西红柿 | 一次性筷子 | 医用纱布 | 塑料梳子 |
| 梨 | 西梅核 | 口服液瓶 | 旧帽子 |
| 蟹壳 | 坏的花盆 | 香水瓶 | 旧夹子 |
| 香蕉皮 | 木质梳子 | 荧光棒 | 废锁头 |
| 辣椒 | 脏污衣服 | 过期化妆品 | 牙膏皮 |
| 巧克力 | 烟蒂 | 发胶 | 雨伞骨架 |
| 茄子 | 渣土 | 注射器 | 旧纸袋 |
| 豌豆皮 | 湿垃圾袋 | 废弃灯泡 | 纸盒 |
| 苹果 | 瓦片 | 煤气罐 | 旧玩具 |
| 树叶 | 扫把 | 医用手套 | |

### 三、垃圾分类的意义

垃圾分类是对垃圾收集处置传统方式的改革，是对垃圾进行有效处置的一种科学管理方法。人们面对日益增长的垃圾产量和环境状况恶化的局面，通过垃圾分类管理，最大限度地减少垃圾处置量，实现垃圾资源利用，改善生存环境质量。

1. 减少垃圾

所谓垃圾，其实都是资源，当你放错了位置时它才是垃圾。废纸、废塑料、废金属、废玻璃、旧衣物都可以回收加工后再变成相应的原料；剩饭、剩菜、瓜果皮壳加工处理后可以变成有机肥，生产绿色蔬菜、粮食；旧家电、手机可以拆解提取宝贵的稀有金属等原材料；旧家具可以维修、重组后在二手市场再销售；甚至装修垃圾也可以成为填海、填坑的宝贵材料；其他可燃性高的垃圾可以去焚烧发电；实在处理不了的垃圾再去填埋。在瑞典等发达国家，进行填埋的垃圾只占该国垃圾总量的1%，而在我国填埋的垃圾高达90%，占用土地上万亩。可见通过垃圾分类，将可回收的垃圾分门别类交给相关企业、单位去处理，将会有效减少真正垃圾的数量。

2. 节省资源

如果把使用过的商品回收分解加工变成原料，就可以使之循环使用，有效地减少对树木、石油、矿产等资源的依赖。据研究，1吨废塑料可回炼600千克的柴油；回收1500吨废纸，可免于砍伐用于生产1200吨纸的林木；一吨易拉罐熔化后能结成一吨很好的铝块，可少采20吨铝矿。据有关部门统计，我国每年约有300万吨废钢铁、600万吨废纸没得到利用。而我们经常随手丢弃的废干电池，每年就有60多亿只，里面总共含有7万多吨锌、10万多吨二氧化锰。这些资源如果都能被重新利用，将会成为巨大的社会财富。

3. 避免污染

垃圾不仅有碍观瞻、影响城市形象，有些垃圾还具有毒害性，如前面提到的塑料会使土壤板结，焚烧塑料会产生高致癌物二噁英；镍镉电池中的镉、铅蓄电池中的铅、碱性锌锰电池中作为添加剂的汞等都是有毒金属。据研究，一块镍镉电池中的镉就可以污染三个标准游泳池中的水。化妆品、油漆、日光灯管、节能灯管、水银温度计、过期药品等处理不当都是环境杀手，严重危害人们的健康。通过垃圾分类，这些物质可以集中到专业机构进行无害化处理，有些有毒有害垃圾经过处理后还可以变废为宝。

垃圾分类创造的是一个无垃圾的社会，一个使资源循环再生的社会，而这一切只需要我们的举手之劳。

> 当一个人在深思的时候，他并不是在闲着。有看得见的劳动，也有看不见的劳动。
> ——雨果

# 最美劳动者

## 平凡的最美劳动者——李素丽

　　1962年，李素丽出生于北京，她的父亲是一位与公交车打了半辈子交道的公交司机。1981年，19岁的李素丽因12分之差，与大学失之交臂。在父亲的影响下，她进入北京市公交总公司工作，成为60路公交车售票员。

　　在长年售票和待人接客的积累中，李素丽练就了一项特别的本领——不同乘客、不同服务，即根据乘客的不同需求，给予最适合的服务。无论是老幼病残孕，还是上班族，或者是上学的中小学生，她都充分了解他们乘车的需求，并提供有针对性的服务，让人乐意而上，满意而下。对于外地乘客，她会及时提醒不要上错车或坐过站，指路不说"东西南北"，而用"前后左右"。除此之外，她学习英语、哑语，钻研心理学，利用休息日调查、摸清公交线路的地理环境，苦心钻研各种乘客心理和要求。她不辞辛劳，以情暖人，全心全意地服务于每一位乘客，是名副其实的"老人的拐杖，盲人的眼睛，外地人的向导，病人的护士，群众的贴心人"。

　　她在平凡无奇的岗位上，努力追求人生的最高价值，在毫不起眼的公交车里创下了令全国人民称赞的成绩。她爱岗尽责，敬业奉献，真诚为人，淋漓尽致地体现了公交行业精神——一心为乘客，服务最光荣。她是公交战线的一面鲜活旗帜，也是每一位中国人学习的榜样。

# 最美劳动者

## "零差错"的"航空手艺人"——胡双钱

　　一架飞机的零部件成千上万，可是，只要其中有一个出错，或许都将付出机毁人亡的惨痛代价。要想做到零部件的"零差错"可谓千难万难，胡双钱却能人所不能。在他36年的工作生涯里，他所加工的数十万飞机零件中，从无次品。

　　胡双钱自小痴迷于飞机。幼时，他不惜从家步行两个多小时，偷偷藏在机场跑道边的农田里，只为看飞机的起起落落。夏季，农田里蚊虫繁多，满身包是常有之事，但他却甘之如饴，丝毫不减看飞机的热情。1980年，20岁的胡双钱进入上海飞机制造厂。从那时起，他如同一枚小小的不惹眼的钉子，牢牢扎在飞机制造战线上36年，兢兢业业、默默无闻地发挥着一个"手艺人"的价值。

　　他曾亲身参与了运10飞机研制，见证了运10飞机首飞，也亲历了运10项目的下马，新中国飞机制造业发展的坎坎坷坷，他感同身受，嘘唏不已。2008年5月11日，中国商飞公司成立，再次点燃国人的大飞机梦，他又忙活起来。为了让大飞机梦早日实现，他一周有六天泡在车间里，打磨、钻孔、抛光。工作中，一视同仁、谨慎以待是他一贯的工作作风。无论零件简单与否，从图纸核对到画线打磨再到完成加工直至交付产品，四个环节一一反复核验数遍，只有"零瑕疵"才算真正完成。

　　胡双钱谦虚谨慎，技术精湛，精益求精，向国人真真切切诠释了何为工匠精神。他是中国的最美劳动者，更是名副其实的"大国工匠"。

## 劳动体验·话感悟

## 校园劳动体验

| 活动目的 | 端正劳动态度 | 活动范围 | 校园 |
|---|---|---|---|
| 活动内容 | （1）整理书桌；（2）打扫教室；（3）冲洗厕所 ||||
| 活动目标 | （1）认知性目标：采用自学的方式，查询整理书桌、打扫教室、冲洗厕所的标准和方法。<br>（2）参与性目标：学会整理书桌、打扫教室、冲洗厕所的方法，参与到具体的劳动中来。<br>（3）体验性目标：提高动手操作能力、自立能力和耐心细致的高尚品质，体会劳动是光荣的，劳动是幸福的，提高劳动兴趣，培养爱劳动的好习惯。<br>（4）技能性目标：通过动手操作，能快速整理书桌、打扫教室、冲洗厕所。<br>（5）创造性目标：在实际动手操作过程中，不断发现问题，及时解决问题 ||||
| 活动安全 | （1）采用正确的劳动方法，正确使用劳动工具。<br>（2）整理书桌时注意桌面是否平整，勿让手部受伤，搬动书籍时小心谨慎。<br>（3）打扫教室和厕所时，提前检查清扫工具的安全，在清扫门窗时要注意门窗是否牢固，合理利用劳动工具，禁止攀爬门窗 ||||
| 活动准备 | （1）制订劳动好习惯养成计划表，对劳动项目（整理书桌、打扫教室、冲洗厕所）、完成时间、完成效果等进行明确规定。<br>（2）准备好清扫劳动工具。<br>（3）手机和班级微信群（在群里分享劳动过程和劳动成果） ||||
| 活动过程 | 以打扫教室为例：<br>（1）观察教室，根据教室情况进行小组分工。<br>（2）用干净的抹布将黑板、讲台、桌凳、门窗擦干净，并将讲台、桌上的东西摆放整齐。关于窗户要特别强调：先拿报纸把上面的灰擦掉，然后有针对性地用干净的湿抹布擦污点。<br>（3）用扫帚清扫教室和走廊垃圾。可以采用"画平行线"的方式竖排打扫，将垃圾往教室后方扫，走廊也将垃圾往后门方向扫。特别是门背后及桌凳下面，都要细致地打扫干净。如遇到纸屑、口香糖、粘连物等与地面粘在一起，这时可以用铲子铲干净。<br>（4）将垃圾撮进垃圾桶，置放于教室外走廊处。<br>（5）将拖把清洗干净，从教室讲台开始，人往后退，顺着一个方向往教室后面拖。再用之前清洗干净的干燥拖把再拖一遍，将地面多的积水吸干，反复两次左右，直到地板表面肉眼可见的污渍被吸附干净为止。 ||||

| 活动过程 | （6）拖完地后，将拖把冲洗干净，挂在通风的地方沥水。<br>（7）把抹布清洗干净，挂在卫生角规定的地方。<br>（8）打扫卫生角，用水冲洗，然后用干燥的拖把拖干净。<br>（9）倒垃圾（倒入学校指定的地方）。<br>（10）将横排、竖排的桌凳摆放整齐。<br>（11）小组组长检查每个角落，确定每个地方是否都已经打扫干净，桌凳是否摆放整齐。<br>（12）最后拍照，查阅学校清洁卫生检查结果，如果不够优秀，将拍照图片进行分析，找出问题并及时探讨解决方案 |
|---|---|

## 活动感慨

## 总结反思·讲感触

| 本活动我感触最深的是 | |
|---|---|
| 本活动我有优势的地方是 | |
| 本活动我欠缺的地方是 | |
| 未来我将采取的措施是 | |
| 想对自己说 | |

只有在新的社会条件下劳动才能从繁重的负担转变成轻松而愉快的生理要求的满足。
——车尔尼雪夫斯基

## 活动拓展·聊感慨

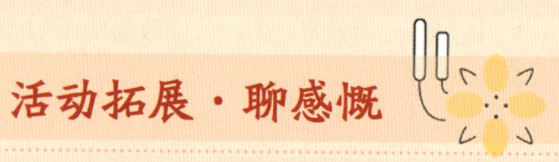

**走进商场**

　　以寝室为单位进行分组,并指定好小组 CEO,利用周末时间到学校附近的商场进行参观考察,学习商场各柜台物品整洁摆放、商场卫生打扫和厕所冲洗的方法。学以致用,总结经验,将方法进行迁移运用,将整理书桌、打扫教室、冲洗厕所的方法更加完善。

## 活动感慨

_____
_____
_____
_____

全党全军全国各族人民要在中国共产党坚强领导下，同心同德，开拓进取，用辛勤劳动创造中国人民的美好生活、创造中华民族的美好未来，继续同世界各国人民一道构建人类命运共同体！

——2019年2月3日，习近平在2019年春节团拜会上的讲话

## 04 一个人自立、自强才是最重要的

洪战辉出生在河南农村，在 11 岁那年家庭突发重大变故，亲妹妹死了，父亲患了间歇性精神病，后父亲又捡回一个遗弃女婴。

洪战辉到镇中学读初中，学校离家有两三千米。在读初中的 3 年中，无论早上、中午还是下午和晚上，都要步行在学校和家之间，及时照顾全家人吃饭。他通过卖鸡蛋、卖冰棍挣钱买奶粉喂养妹妹。

洪战辉初中毕业后，考上了河南省重点高中，但没有钱上学。他反复对自己说："我要去挣钱读书，我要养家。"一个暑假，他在工地上拼命地干活，挣了 700 多元才筹够了上高中的学费。

读高中时，他在学校附近租了一间房子，把这个和自己并没有血缘关系的妹妹带在身边，一边读书一边照顾年幼的妹妹。他利用课余时间卖圆珠笔芯、书籍资料、英语磁带、鞋垫、袜子等，只要能挣钱他都卖，用微薄的收入维持着全家的生活。为了生计，在高二时，他不得不辍学，凭着自己的毅力断断续续读了 5 年高中才考上了大学。

读大学后，他把妹妹带到自己上大学的异地他乡上学，靠卖东西和翻译完成自己和妹妹的学业，当社会各界知道洪战辉的情况后，不少人提供财力、物力的帮助，但被他谢绝了："不接受捐款，是因为我觉得一个人自立、自强才是最重要的。"他被评为感动中国十大新闻人物、第十七届中国十大杰出青年。

### 思 考

1. 洪战辉的故事对我们有什么启发？
2. 作为当代职业院校的学生，你如何理解自立、自强呢？

## 参与活动·谈感受

## 变废为宝

### 一、活动主题

变废为宝。

### 二、活动内容

回收废旧物品。

### 三、活动宗旨

1. 通过回收活动，让物尽其用，充分利用资源，变废为宝。
2. 让垃圾减量化，环保健康，不穿的衣服如果扔到垃圾桶，化纤类的降解慢，还会滋生病菌等。
3. 把不能穿的衣物和不能用的手机卖到相应的收购点挣钱，可以起到勤工俭学的作用。
4. 爱心传递，把可以穿的衣服和可以用的书籍等物品，经过清洗和消毒后捐赠给贫困山区。

### 四、活动主体

全班同学。

### 五、活动实施

1. 召开班级动员会，了解本次活动的目的、意义和注意事项。
2. 提前联系好本地收购站和捐赠地方。
3. 选择好活动的地点。
4. 活动前做好宣传准备，如张贴宣传海报等。
5. 准备好装回收物品的袋子等。
6. 划分好回收旧物品的区域和存放地点，如各栋宿舍和教室废旧回收点。
7. 活动中记录回收种类和数量。
8. 对回收物品进行整理分类、处理。
9. 各组讨论，发现问题及时改进。

> 劳动者的组织性、纪律性、坚毅精神以及同全世界劳动者的团结一致，是取得最后胜利的保证。
> ——列宁

10. 分享、总结，进行成果展示（在网络和班级板报上展示）。

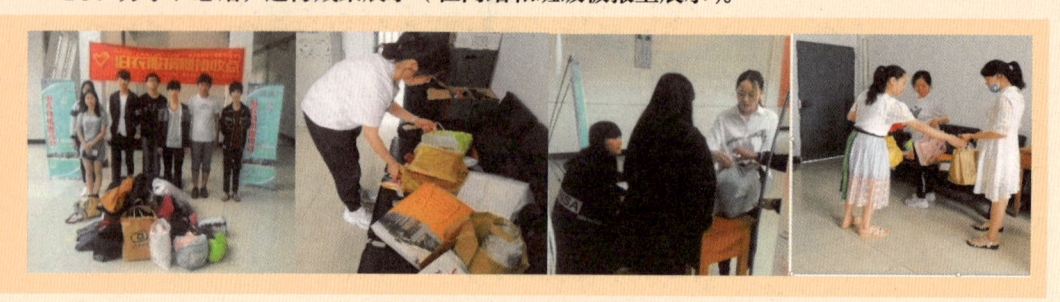

### 活 动 感 受

### 学习探究·说感想

#### 一、勤工俭学的内涵

勤工俭学是指利用学习以外的时间参加劳动，把劳动所得作为学习、生活费用。在职业院校，勤工俭学指由学校组织或者学生自己找的一种有偿劳动。参加勤工俭学的学生一般具有勤奋、自主、独立、上进的特点。通过有偿劳动所得，既可以补充在读书期间的生活或者其他开支，又可以增加社会经验，丰富阅历。

#### 二、勤工俭学的意义

随着国家教育体制的改革和素质教育的全面推广，勤工俭学已成为学生实践活动的重要组成部分，它将帮助学生顺利完成学业，及时而又满意地就业或更好地创新创业。

1. 勤工俭学减轻父母的经济负担

勤工俭学的学生一般是家庭经济比较困难的，父母难以维持其上学的费用。为了帮助其顺利完成学业，学校有组织地安排学生进行勤工俭学，通过学生劳动所得，补充其生活等费用，减轻父母的负担。

2. 勤工俭学培养良好的品行

通过勤工俭学，自己劳动获得一定的收入，让同学们体验到成就感，体验劳动的价值，也认识到自己的价值，从而树立崇尚劳动、尊重劳动的劳动品质。在勤工俭学中，体验到挣钱不容易和父母挣钱的艰辛，从自己的劳动中理解父母的苦心，培养学生感恩的心。感知劳动的艰辛和不易，让同学们养成艰苦奋斗的好习惯。在勤工俭学中，懂得劳动纪律的重要性，从而养成遵守纪律的好习惯；在完成劳动任务的过程中，增强担当、责任意识。

3. 勤工俭学增强适应社会的能力

通过勤工俭学，学生能接触社会、了解社会。在劳动中，学会人与人之间的沟通，学会分工合作，学会处理更多的人际关系，丰富自己的工作阅历，为将来走向社会积累自己的有益的经验。勤工俭学是学生理论知识与生产实践相结合的最好机会，也是对学生自己的学习能力和社会适应能力的评估。

4. 勤工俭学充实自己

学生利用休息时间开展勤工俭学，可以充实自己的生活，展示自己的才能，正确认识自我、挑战自我、升华自我，使自己能够自立、自强，将来为社会做出贡献。

## 三、勤工俭学的方式与途径

1. 勤工俭学的主要方式

兼职：利用早、中、晚休息时间在学校岗位上工作。

打零工：利用周末在校外发传单、推销商品、市场调研等。

回收废品：回收校园废旧物品（衣物、矿泉水瓶、旧书籍等）。

假期外出实习。

2. 勤工俭学的主要途径

校内勤工俭学：团委、学生处、后勤处等推荐学生到食堂、超市勤工俭学。

校外勤工俭学：学生处统筹联系相关工作单位。

假期勤工俭学：由招生就业处组织。

> 人是动物，本来是好动的，劳动不只是为着生活，也是为着健康。——谢觉哉

# 最美劳动者

## 坚持、执着、精益求精——孟剑锋

孟剑锋，北京握拉菲首饰有限公司生产车间技术总监，国家高级工艺美术技师。

孟剑锋出生在一个工人家庭。初中毕业后，因家庭经济困难，便直接开始工作。1993年6月，一个偶然的机会，孟剑锋前往北京握拉菲首饰有限公司参加应聘，成功通过初选、复试被录用。正是在这里，他与贵金属首饰手工制作结下了终生之缘，在这条光明而又充满艰辛的道路上求索了二十多年。

刚进入公司的他被分到了镶嵌车间，一进去就被师傅要求去练习基本功，相同且简单的动作，机械地重复，仿佛看不到尽头。如此枯燥的日子，他重复了一年之久，中间当然有过想放弃的时候，但他最终还是坚持下来。就这样，这个没有丝毫功底的青涩小伙子，经过岁月磨炼与沉淀，持之以恒的坚守，日积月累的创作，最终成长为一个技艺非凡的手艺人。联合国总部的那尊和平尊，世界卫生组织的那尊穴位铜人，2014年北京APEC会议纯银錾刻丝巾果盘，皆出自其手，无一不巧夺天工，精妙绝伦，令人拍案叫绝。

他甘于平淡，全身心投入自己热爱的事业当中。苦心钻研技术，推陈出新，不断努力探索新的工艺制作方法。他创作出大量的贵金属工艺作品，广受赞誉，推动了中华文化的传播与传承，促进了中国工业美术事业的发展。

## 最美劳动者

### 高智高技的世赛冠军——梁嘉伟

梁嘉伟，天津电子信息高级技术学校教师，第44届世界技能大赛信息网络布线项目金牌获得者。

梁嘉伟出生于1993年，用他自己的话说，他就是老师和家长们眼中的"百厌仔"，成绩平平不上进，调皮捣蛋样样通。初三时，看着自己差强人意的成绩，梁嘉伟就和父母商量，放弃升学，就读技校，学一技傍身。在校学习期间，机缘巧合之下，梁嘉伟迷上了技能竞赛，学习了相关专业技术，并在一系列比赛中崭露头角。

2017年，梁嘉伟先后荣获天津市选拔赛第一名、全国选拔赛第一名，入选中国集训队。他深知唯有比其他人更努力、花更多时间去训练，才可能有获胜的机会。为此，他的生活里没了周末，也没了假期，只剩下训练再训练。令他印象最深刻的是被0.25微米的光纤扎中手指。因为过于纤细，扎进指头很难挑出来，只能默默忍受，一痛就是半个月乃至一个月。这样的付出与努力，为他带来了次次考核名列榜首的成绩，成为出征大赛的最终人选。功夫不负苦心人，历经四天激烈而残酷的角逐，梁嘉伟在众多参赛选手中独占鳌头，以总成绩第一夺金。

吃苦受累都不怕，能为祖国赢得荣誉，在世界舞台展示自己，让全世界见证中国的高超技艺水平，这就是他砥砺前行、持之以恒的最大动力。他也希望通过自己技能和经验的传授，为培育更多高素质技能人才贡献自己的一份力量。

# 劳动体验·话感悟

## 校园劳动体验

| 活动目的 | 端正劳动态度 | 活动范围 | 校园 |
|---|---|---|---|
| 活动内容 | （1）食堂劳动；（2）整理花草；（3）运输垃圾 | | |
| 活动目标 | （1）认知性目标：通过独立观察、与人交流沟通，以及网上学习等形式，了解食堂劳动、整理花草、运输垃圾的方法。<br>（2）参与性目标：学会食堂劳动、整理花草、运输垃圾的方法，实实在在地亲身体验勤工俭学。<br>（3）体验性目标：真正锻炼自己，坦然面对各种困难和问题，端正劳动态度，处理好学习和勤工之间的关系，促使自己不断进取，实现个人价值。<br>（4）技能性目标：通过亲身体验，能快速掌握食堂劳动、整理花草、运输垃圾的方法。<br>（5）创造性目标：把握分寸，适度勤工，加强自我保护意识，积累经验，为今后就业做好铺垫 | | |
| 活动安全 | （1）食堂劳动应注意：搞好卫生安全工作，从食品卫生到环境卫生；小心地滑摔伤；小心烫伤；规范操作，防止火灾。<br>（2）检查好整理花草的工具，正确使用工具。<br>（3）运输垃圾前必须进行安全教育，首先要注意个人卫生防护，正确穿戴个人防护用品，运输后立即洗手；运输过程中一定要按照安全路线行走，注意个人安全和他人安全 | | |
| 活动准备 | （1）学习了解安全防护知识，准备好个人所需防护物资。<br>（2）提前协调好学习和勤工的时间安排。<br>（3）做好吃苦耐劳和坚持下去的心理准备。<br>（4）智能手机 | | |
| 活动过程 | 以整理花草为例：<br>活动要求：一是有耐心，细心呵护；二是有爱心，喜欢花草，认真整理花草；三是有审美意识、环保意识和健康生活的态度。<br>（1）选花：<br>选择一种自己感兴趣的花草，查阅资料，咨询家长和老师，关注了解花草的特点和习性、养护要领、注意事项，掌握养护花草的方法。如果对花草的养护知识还不够清楚，可以去花市或者花卉园艺基地请教专业养花人，通过有礼貌地沟通与交流，咨询相关知识并做好记录。 | | |

| | |
|---|---|
| 活动过程 | （2）种花：<br>亲自买种子或者选花苗，选好漂亮的花盆、合适的土壤，按照所学知识将花种或花苗种入花盆中，可以种之前在花盆底部放一些泡沫、吸水石或者松果（便于沥水），然后在泥土表面铺上自己喜欢的铺面石。<br>（3）养花：<br>浇水——通常情况下见干就浇，每次要浇透，具体情况要根据花草的品种和生长需要，按时浇水，适量浇水。<br>光照——根据花草喜阴喜阳的生活习性，将花草摆放在合适的地方。<br>施肥——当花草生长到一定的程度，就需要施肥来促进它的生长，特别是花期需要的养分多，按照了解到的信息，选择肥料的种类及肥料的稀薄和厚重，提前进行施肥。<br>除草——对杂草进行清理。<br>修剪——对不同的花草进行有规律的修剪。<br>通风——随时保持通风，利于花草呼吸生长。<br>（4）换盆：<br>随着花草的生长，当盆内土壤有限、养分供不应求时，就需要换土换大花盆，换盆前1~2天暂停浇水，便于土与盆脱离，这样在操作的时候不会伤到根系，移栽时要剪掉老根和枯枝，添加新的培养土，换盆完成后适量浇水。<br>（5）观察：<br>在整个花草整理过程中，认真观察，将花草的成长过程和每一个变化拍照记录下来，做好观察记录，不断动脑思考，总结经验，与同学交流共享，讨论探究出更加科学的整理花草方法 |

## 活 动 感 慨

----

----

----

----

----

> 劳动和享乐这两个本质上截然不同的东西被一种自然的联系结合在一起。——李维

## 总结反思·讲感触

| 本活动我感触最深的是 | |
| --- | --- |
| 本活动我有优势的地方是 | |
| 本活动我欠缺的地方是 | |
| 未来我将采取的措施是 | |
| 想对自己说 | |

## 活动拓展·聊感慨

### 走进商场

学生分6个小组，分流参观商场的食堂劳动（2个小组）、整理花草（2个小组）、运输垃圾（2个小组），小组成员通过观察、与超市员工沟通交流，分别总结出经验和方法，通过班级微信群分享小组学习收获，并分享学习过程中拍摄的精彩照片。

### 活动感慨

# 主题三　养成劳动习惯

　　劳动是人类智慧创造的根源，是人类生存与发展的基础，也是维持自我生存和自我发展的手段。劳动是人与生俱来的天性，也是人在社会成长中形成的习惯。伟大的华夏儿女用劳动维持着自我生存与发展，在国家繁荣、民族复兴的道路上接续奋斗、奋勇前行。

我们一定要在全社会大力弘扬劳模精神、劳动精神，大力宣传劳动模范和其他典型的先进事迹，引导广大人民群众树立辛勤劳动、诚实劳动、创造性劳动的理念，让劳动光荣、创造伟大成为铿锵的时代强音，让劳动最光荣、劳动最崇高、劳动最伟大、劳动最美丽蔚然成风。要教育孩子们从小热爱劳动、热爱创造，通过劳动和创造播种希望、收获果实，也通过劳动和创造磨炼意志、提高自己。

——2015年4月28日，习近平在庆祝"五一"国际劳动节暨表彰全国劳动模范和先进工作者大会上的讲话

## 05 从小养成爱劳动的习惯

在巴甫洛夫小的时候，有一天，巴甫洛夫约弟弟米加一起去园子植树。两兄弟本来个头就很小，花费了大半天时间，好不容易挖好一个坑。正当要把桃树栽下去的时候，他的父亲从屋里走了出来，指着兄弟俩挖好的坑说道："你们看，这里地势低洼，如果下雨，就会积水，桃树不就被淹死了吗？"

弟弟听了爸爸的话，小嘴一噘，难过地走了。巴甫洛夫却虚心请教起爸爸，追问地势对桃树的影响和种植的技巧。于是，小巴甫洛夫跟着爸爸在附近高地上挑选了一块空地，兴高采烈地重新挖了起来……

巴甫洛夫从小养成爱劳动的习惯，坚持不懈，最终成为俄国著名的生理学家，并提出了条件反射理论，1904 年荣获诺贝尔奖。

### 思 考

1. 你从小巴甫洛夫的植树故事中得到了什么样的收获？
2. 养成劳动习惯应该具备哪些要素？

## 参与活动·谈感受

### 孝老敬老学雷锋，志愿服务致青春

#### 一、活动主题
孝老敬老学雷锋，志愿服务致青春。

#### 二、活动内容
敬老院志愿服务一天。

#### 三、活动宗旨
1．通过实践活动，传承弘扬中华民族传统文化。
2．通过体验志愿服务的过程，在实践中受教育、长才干、做贡献，不断自我完善。
3．通过孝老敬老志愿活动，激发同学们敬老爱老的内在自觉，并由爱老、爱家推及爱国、爱社会，进一步树立社会责任感和历史使命感。

#### 四、活动主体
全班同学。

#### 五、活动实施
1．召开班级动员会，发出号召，启动活动，强调活动的重要意义。
2．服务内容预设，主要包括打扫卫生、收拾床铺、洗衣服、做饭、陪老人谈心、表演节目、维修小电器等。
3．分组，根据服务内容，将全班同学分成若干个组，并由小组成员选出组长。
4．布置任务，按服务内容落实到组，再逐步落实到个人，小组做到分工明确，各司其职，团队协作。
5．做好各项服务工具的准备，包括清洁工具、维修工具等。
6．与敬老院对接时间，统一组织到敬老院开展活动。
7．活动结束后，各小组交叉检查，发现问题，及时改进。
8．分享、总结与表彰。先由小组分享总结，然后全班进行总结表彰。

> 劳动是人类存在的基础和手段，是一个人在体格、智慧和道德上臻于完善的源泉。
> ——乌申斯基

## 活动感受

## 学习探究·说感想

### 一、青年志愿者的宗旨

志愿者是指志愿贡献个人的时间及精力，在不图任何物质报酬的情况下，为改善社会服务、促进社会进步而提供服务的人。志愿工作具有志愿性、无偿性、公益性、组织性四大特征。参与志愿工作既是"助人"，亦是"自助"，既是"乐人"，同时也"乐己"。参与志愿工作，弘扬"奉献、友爱、互助、进步"的志愿服务精神，既是在帮助他人、服务社会，同时也是在传递爱心和传播文明。

奉献:"奉",即"捧",意思是"给、献给";"献",原意为"献祭",指"把实物或意见等恭敬庄严地送给集体或尊敬的人"。两个字合起来"奉献",就是"恭敬地交付、呈献"。奉献,是一种爱,是对事业的不求回报的爱和全身心的付出。

友爱:是指不分国度、民族、性别和年龄等其他外在条件和社会的限制,彼此以"朋友""伙伴"相称,相互理解信任、相互支持帮助、交际过程中自然流露出的亲切的情感。

互助:"互",即相互,意思是两个或两个以上的人或物之间进行的某一项活动或交易。"助",即帮助、帮忙,是指不求利益、不求回报地同他人一起完成他人正在做的事情。两个字合起来"互助",就是指两个或两个以上的人互相帮助对方做有助于他人的事情,且不求回报。

进步:指人或者事物向上或向前发展。引申为适合时代要求,对社会发展起促进作用的行为。

## 二、青年志愿者服务的领域

正如雷锋同志所说:"人的生命是有限的,可是,为人民服务是无限的。"志愿者服务领域大到志愿为国家添砖加瓦,小至为同学背一次书包。

(1)青春暖夕阳。孝老敬老志愿活动是每一个学生在学习生涯中都应该做的一项志愿活动,这是传承中华民族千年来孝老敬老的光荣传统,对学生也是一项好的爱心教育手段。每个人都是从孩子成长到老人,白首时都会再回味起青春年少,敬老院的孤寡老人们都需要年轻、充满活力的精灵带给他们欢声笑语。

(2)志愿大手拉小手。每个社区里都有留守孩子们组成的"儿童之家",用以开展一些辅导留守儿童家庭作业、培养留守儿童兴趣爱好、指导留守儿童做手工等陪伴留守儿童的活动。留守孩子们或许一年甚至好几年才能和父母团聚,童年的时光是用爱填充的时光,孩子们的成长离不开爱的陪伴。

(3)心中的净土。爱护环境,人人有责。我们每一个人的健康成长都离不开良好的生态环境,环保意识须从教育抓起,更要用实际行动践行生态文明建设。我们应积极参与垃圾清扫分类、河道污染治理、绿化工程养护、捡拾绿地垃圾、公共设施公告清理等环境维护活动。

(4)志愿"三下乡"、技能"三进"活动。"进社区、进农村、进家庭",深入农村基层贫困地区,发挥自身所学专业知识,开展内容丰富、形式多样的扫盲文化,实行科技、卫生服务帮扶。帮助农民种植庄稼,亲身到劳动生活中去实践,推广农村实用技术,倡导健康文明的生活方式,促进农村经济发展。

人类的劳动是惟一真正的财富。——法朗士

## 三、青年志愿者行动的社会影响及作用

青年志愿者行动实施以来，产生了良好的社会影响。志愿服务正在成为新的社会风尚，越来越多的青年及社会各界群众加入志愿者的行列。实践充分说明，青年志愿者行动符合时代发展的潮流，符合人民群众的需要，符合当代青年的特点，蕴藏着巨大的发展潜力，呈现出旺盛的生命力和广阔的发展前景。

青年志愿者行动使一些需要帮助的社会成员从志愿服务中感受到社会的温暖，在全社会弘扬"奉献、友爱、互助、进步"的志愿精神，倡导时代新风正气，对社会主义道德建设有积极的推动作用，已经成为新时期群众性精神文明创建活动的有效途径；它以扶贫济困为主题，以社会困难群体为主要扶助对象，通过志愿服务方式为困难群众提供实实在在的帮助，为我国多层次社会保障体系的建立做出了积极的贡献；它适应当代青年自主意识、参与意识日益增强的特点，组织和引导青年以志愿服务方式积极参加经济建设和社会发展，调动了青年的内在积极性，对人力资源的有效配置进行了积极探索；它与国际志愿服务接轨，在国际上树立了当代中国青年的良好形象，成为加强与各国青年之间交流与合作的重要渠道。

## 最美劳动者

### 志愿楷模——李高峰

　　李高峰，河南在京志愿者组织创立者，获"北京好人""全国劳动模范"等称号。

　　2001年，李高峰来到北京，住在甘露园一带，地处城乡接合部，人员繁杂。附近的二道沟河成了居民的垃圾场，生活垃圾遍布，岸边堆积成山。炎热夏季，蚊蝇肆虐，臭不可闻，加上河道堵塞，雨水无法及时排出，周边居民苦不堪言。为此，他自行购买工具，自发清理垃圾。李高峰的志愿服务之路也由此而始。持续几年之后，河道畅通了，河水清澈了，居民脸上的笑容也多了。

　　之后，李高峰的公益涉及面就更广了。同为来京务工人员，他深知其中的艰辛，向朋友借款上万元给那些外地来京务工人员提供免费宿舍，积极发动自己身边的社会关系给他们安排就业。在甘露园地区居住期间，他先后抓获28名犯罪分子送到公安执法机构，此外他还总抽出时间参与义务巡逻。2007年，在他来京的第7个年头，他组建了"河南在京环保志愿者服务队"。到了2008年，志愿队伍发展壮大到700多人。除了在京的河南人外，还有100余名各个省份的志愿者，他们看到"河南在京环保志愿者服务队"活动后受到了感染，自愿地加入了李高峰的志愿者团队。

　　自2001年起，李高峰一直致力于志愿者服务。这不是一年两年、三年五年，而是长达近20年。几十年如一日，他用行动表明自己永远是志愿服务路上的行路人。

## 最美劳动者

### "丝毫必争"的大国工匠——宁允展

他,出身于工匠世家,技艺了得;他,天赋异禀,自学成才。宁允展,一位普普通通的工匠,用理想与汗水,写下了一篇举国瞩目的华丽篇章,获得了"全国五一劳动奖章""全国最美职工""全国职工职业道德建设标兵""全国道德模范"等多项荣誉。

1972年,宁允展降生在一个工匠家庭。在耳闻目染、潜移默化下,童年的他被手艺活深深吸引,还时常自己动手做一些小玩意。8岁时,他的工匠天赋就开始展现。在没有任何人帮助的情况下,自行鼓捣出了一艘小木船。1991年,19岁的他进入四方机车车辆厂(中车四方股份有限公司前身)做钳工,一做便是29年。

2004年,我国"高铁时代"的号角正式吹响,中车四方股份有限公司引进高速动车组。刚开始制作,研发团队就遭遇了困境,转向架上的定位臂成了首要难题。定位臂就像"脚踝",是转向架连接车轮的关键部位。经过机器粗加工后的定位臂,留给人工研磨的空间只有0.05毫米左右。要想在这细如发丝的空间里继续研磨达到"严丝合缝",当时国内几乎没有人能做得到。宁允展却不畏艰难,毛遂自荐,迎难而上,凭借自身雄厚的专业功底、日积月累的操作经验,以及刻苦钻研、永不言弃的毅力,不足七日便掌握了这门技术。后来经过成千上万次的探索实践,宁允展研发了一套新的研磨方法,极大地提升了研磨效率和贴合率。

"工匠就是要凭实力干活,凭手艺吃饭,想办法把活干好。"29年来,宁允展是这么说,也是这么做的。他在平凡中铸就辉煌,成就一代高铁大匠人。

# 劳动体验·话感悟

## 社区劳动体验

| 活动目的 | 养成劳动习惯 | 活动范围 | 社区 |
|---|---|---|---|
| 活动内容 | （1）志愿服务；（2）照顾老人；（3）交通执勤 | | |
| 活动目标 | （1）认知性目标：了解志愿服务的项目和内容，查阅资料，学习照顾老人、交通执勤的内容和方法。<br>（2）参与性目标：通过搜集资料等方式，学习照顾老人、交通执勤的内容和方法。<br>（3）体验性目标：通过亲身实践各项志愿服务，体会他人的劳动生活，从而自身也感受服务他人的快乐。<br>（4）技能性目标：通过动手操作实践，能掌握照顾老人、交通执勤的技能、技巧和方法。<br>（5）创造性目标：在志愿服务实践过程中发现问题，从而通过查询资料、请教他人、自我思考等方式，创造性地解决问题 | | |
| 活动安全 | （1）在志愿服务过程中注意自身及服务对象的安全。<br>（2）在志愿服务中涉及使用劳动工具，特别是电器时要注意安全。<br>（3）在交通执勤时，尽量保持安全距离，特别注意自身的交通安全，最好是在有交警同志执勤的情况下协助执勤 | | |
| 活动准备 | （1）列一张表格，确定要做的服务内容（志愿服务、照顾老人、交通执勤）及花费的时间等。<br>（2）准备锄具、清洁钳、扫帚、手工刀等环境治理工具。<br>（3）准备好剃须刀、洗发露、电吹风、洗衣粉、搓衣板等生活用具。<br>（4）准备好交通专用反光马甲、指挥哨、交通指挥棒等交通执勤工具。<br>（5）提前对接好社区服务工作部门、交警平台志愿服务的时间、地点和志愿事项 | | |

> 我惟一能信赖的，是我的狮子般的勇气和不可战胜的从事劳动的精力。
> ——巴尔扎克

| | |
|---|---|
| 活动过程 | 以社区环境志愿服务为例：<br>（1）提前对接好社区服务工作部门，确定志愿服务的时间、地点和志愿事项。<br>（2）实地勘察了解社区环境、所需的志愿服务项目。<br>（3）准备绿植、手套、锄具、清洁钳、扫帚、手工刀等服务项目所需工具。<br>（4）公共设施维护、垃圾分类等清扫活动。<br>（5）灌溉社区绿植，给绿植铲除杂草，在空旷绿化区域补增绿植。<br>（6）安全使用手工刀对社区电线杆、墙面等区域去除杂乱小广告。<br>（7）志愿活动完成后，拍照记录。<br>（8）小组之间进行分享，并总结评比 |

## 活动感慨

## 总结反思·讲感触

| | |
|---|---|
| 本活动我感触最深的是 | |
| 本活动我有优势的地方是 | |
| 本活动我欠缺的地方是 | |
| 未来我将采取的措施是 | |
| 想对自己说 | |

## 活动拓展·聊感慨

### 走进社区

深入社区调研志愿者服务活动的情况，了解社区对志愿者服务的需求，完成调研报告。

### 活动感慨

> 劳动是唯一导向知识的道路。——萧伯纳

劳动模范是劳动群众的杰出代表，是最美的劳动者。劳动模范身上体现的"爱岗敬业、争创一流，艰苦奋斗、勇于创新，淡泊名利、甘于奉献"的劳模精神，是伟大时代精神的生动体现。我们要在全社会大力宣传劳动模范的先进事迹，号召全社会向他们学习、向他们致敬。要为劳动模范更好施展才华、展现精神品格提供全方位支持，使他们的劳动技能、创新方法、管理经验能广泛传播，充分发挥示范带动作用。

——2016年4月26日，习近平在知识分子、劳动模范、青年代表座谈会上的讲话

## 06 义务劳动就是我最重要的工作

1920年5月的一天，克里姆林宫的工人、战士、克里姆林军事学校的学生都来到了克里姆林广场上来了。

大家排好队，正要出发去义务劳动。这时，列宁迈着大步来到指挥官跟前，行了个军礼，说："指挥官同志，我想加入你们的队伍，和你们一起参加义务劳动。"指挥官犹豫了一下说："请吧，列宁同志，您就站在队伍的前面吧！"列宁昂首挺胸像士兵服从指挥官的命令一样，站在队伍的前面。

他们今天的任务是整理克里姆林广场，搬运木头，打扫垃圾。

在搬木头过程中列宁和一个军人做"搭档"。搭档军人老是给列宁细的一头扛，自己扛粗大沉重的一头。列宁发觉后，便抢先扛起粗的那一头。搭档军人说："老首长，我今年才28岁，您已经50岁啦，还是让我扛重的一头吧！"列宁把粗大沉重的一头往肩上一扛说："既然我年纪比你大，粮食也比你多吃几年，你就别跟我争啦。"

当比较小的木头全都搬走后，就要搬非常粗大的橡树木头了。一根橡树木头得六个人用杠子抬。这一次跟列宁做"搭档"的是一个军事学校的学生和四个工人。一个工人看了看列宁，对另一个工人说："弗拉基米尔·伊里奇，这个工作我们五个人干吧！列宁同志还有更重要的工作要做呢。"列宁听到后倔强地说："这时候，这就是最重要的工作。"于是，就和大家一起抬起木头，向前走去。

> 任何一项劳动都是崇高的，崇高的事业只有劳动。
> ——卡莱尔

### 思 考

1. 列宁义务劳动告诉了我们一个什么道理？
2. 有人说，"义务劳动不重要，努力干好自己的事儿就行"。你对这句话怎么看？

## 参与活动·谈感受

## 大手拉小手、用心传递爱

### 一、活动主题
大手拉小手、用心传递爱。

### 二、活动内容
陪伴留守儿童爱心义务活动。

### 三、活动宗旨
1. 通过实践活动，向社区留守儿童传递爱心。
2. 通过辅导留守儿童做作业，教授留守儿童才艺，在实践中进行自我锻炼和自我完善。
3. 通过爱心义务活动，激发同学们的敬老爱幼良知，通过向留守儿童传递爱心，激发同学们的无私奉献精神，进一步树立社会责任感和历史使命感。

### 四、活动主体
全班同学。

### 五、活动实施
1. 召开班级动员会，发出号召，启动活动，强调活动的重要意义。
2. 同学们分项目进行，主要包括辅导留守儿童作业、与留守儿童游戏、指导留守儿童做手工、引导留守儿童做力所能及的家务等。
3. 分组，根据专业特长、兴趣爱好内容，将全班同学分成作业辅导、游戏、手工、家务劳动等小组，并由小组成员选出组长。
4. 布置任务，按活动的内容落实到组，做到分工明确，各司其职，团队协作。
5. 做好各项活动工具的准备，包括书画纸张、软硬笔、手工用具等。
6. 将社区留守儿童和班级学生的时间进行对接，统一组织到社区儿童之家开展活动。
7. 活动结束后，各小组进行心得交流，相互提出更好的意见。
8. 分享、总结与表彰。先由小组分享总结，然后全班进行总结表彰。

主题三 / 养成劳动习惯

💬 **活 动 感 受**

🌱 **学习探究·说感想**

## 一、义务劳动的含义

　　义务劳动是指不计定额，不要报酬，自觉自愿地为社会劳动。

　　不计定额：定额一般是指被允许参加某种活动或机构的少数集团成员的固定数额或百分比。不计定额在这里的意思为不去衡量参加活动的人数多少，也不去计较完成活动的质量多少。

　　不要报酬：报酬是形容得到他人帮助之后进行报答，有时又指薪水，工作后所得到的物品或钱财。报酬泛指雇员做出有偿劳动而获得的回报，包括工资及其他项目（如津贴、保险、退休金），以及非现金的各种员工福利，（例如，有薪假期、医疗保险等）。此外亦指为结清债务或弥补伤害所支付的和解款项。不要报酬在这里的意思是志愿为他人或事务贡献出自己的力量而不奢求得到任何利益。

劳动本身就是一种享乐。——马尼里乌斯

063

## 二、义务劳动的意义

树立劳动光荣思想,具有十分重要的意义。

(1)通过义务劳动,可以切身体验劳动人民的艰辛,也能真切感受收获劳动果实的喜悦,感受帮助他人的快乐,从而树立尊重劳动、尊重人民群众劳动成果的思想。

(2)通过义务劳动,有利于增进个人与他人的友谊,增强个人与社会的密切联系。

(3)通过义务劳动,可以提升自身能力,全面锻炼自己,增进人与人之间的互助友爱的意识,培养团结干事和团队协作的精神。

# 最美劳动者

## "最美奋斗者"——徐虎

徐虎，房管行业的标兵和新时期的学习楷模，全国劳动模范，被评为"100位新中国成立以来感动中国人物""最美奋斗者"。

1975年，25岁的徐虎进入上海市普陀区中山北路房管所，当上了水电维修工。这份工作看似稀松平常，然而却是一个对耐心和毅力有着极高要求的工作。粪水肆虐，厕纸纷乱，一阵阵恶臭扑面而来，这就是徐虎第一次维修时看到的场景。这样的卫生间，一般人早已避之不及，逃之夭夭了，但徐虎却要迎臭而上，疏通管道。他忙活的时候，主人家不停地端茶递烟，修好后，连连道谢，甚至写了感谢信送到他单位。这件事对徐虎的触动很大，他只是做好了分内之事，居民却如此感激。这让他意识到自己工作的价值，下定决心以后更要尽职尽责，为老百姓服务。

维修的及时性是管区内居民最关心的事情。为了更好地服务管区居民，保障维修的及时性，徐虎在管区内挂了3只"夜间水电急修特约服务箱"。管区内居民如果有需要夜间急修，可直接将具体地址投进去，每晚7点徐虎开箱，逐一上门修理。从此，"休息"二字便与他无缘，连除夕也不例外。

"辛苦我一人，方便千万家"，这就是无私奉献的"徐虎精神"，更是徐虎一生都在践行的信条。语言朴实无华，行动感人至深。他用自己数十年如一日的行动，续写了一曲新时代的雷锋之歌。

## 最美劳动者

### "匠人"传承者——杨金龙

杨金龙，云南保山人，出生于1994年10月，这个今年还不到26岁的小伙子，却已经是第43届世界技能大赛喷漆项目金牌获得者，第十三届全国人大代表。

15岁时，杨金龙无缘自己理想的重点高中，于是只身从家乡盛家村来到保山市，进入杭州技师学院保山教学点学习，第二年顺利考入杭州技师学院汽车钣金与涂装专业。这次机遇来之不易，在校期间，杨金龙集中精力，刻苦学习，钻研技能，先后荣获浙江省涂装一等奖、全国涂装二等奖等。两年后，杨金龙以优异的成绩顺利毕业并进入一家企业实习，主要工作就是汽车喷漆。在工作中，杨金龙明显感到这个行业需要更多的技能人才，于是最终选择回到母校任教。

2014年2月28日，杭州技师学院成为第43届世界技能大赛汽车喷漆项目中国集训基地。杨金龙成功通过考核，入选国家集训队，并经过层层选拔，最终入选国家代表队。国家代表队训练比之前经历的训练更加严格、更加辛苦。在室温高达40摄氏度的工作间里，杨金龙连着9小时无休，汗流浃背，不断琢磨，只为调出与汽车外观相同色调的漆。正是这种如痴如醉的热爱和苦心孤诣的毅力，让他摘得第43届世界技能大赛汽车喷漆项目的金牌。

然而，获奖后的杨金龙拒绝了众多高薪邀请，回到学校，继续教书育人，做精湛技艺的钻研者，做工匠精神的传承人。愿化为舟，助力更多学子扬帆起航；愿化为烛，照亮更多技能人才的前行之路。

# 劳动体验·话感悟

## 社区劳动体验

| 活动目的 | 养成劳动习惯 | 活动范围 | 社区 |
|---|---|---|---|
| 活动内容 | （1）植树造林；（2）扶贫帮困；（3）社区服务 ||||
| 活动目标 | （1）认知性目标：了解扶贫帮困的具体内容，查阅资料，学习植树造林、社区服务的内容与方法。<br>（2）参与性目标：通过上网学习等方式，学会植树造林、社区服务的内容和方法。<br>（3）体验性目标：通过亲身实践各项义务劳动，体会义务劳动带来的快乐。<br>（4）技能性目标：通过动手操作实践，掌握植树造林、社区服务的技能和方法。<br>（5）创造性目标：在义务劳动过程中发现问题，并通过网络搜索和查阅书籍等方法创造性地解决问题 ||||
| 活动安全 | （1）在义务劳动过程中注意自身及服务对象的安全。<br>（2）在义务劳动过程中注意正确使用劳动工具。<br>（3）在植树造林中，尽量戴上护具，注意树木上有无易掉枝干 ||||
| 活动准备 | （1）提前做好每一个劳动项目的详细活动方案；<br>（2）准备树苗、锄具、水桶、肥料、铁锹等植树造林所用物品。<br>（3）准备好日常物品、收集的衣物、捐赠的书籍等生活帮扶用品。<br>（4）准备好清洁钳、扫帚、手工刀等社区环境治理工具。<br>（5）提前对接好社区服务工作部门、贫困地区家庭，确定好服务时间、地点和志愿事项 ||||
| 活动过程 | 以植树造林义务劳动为例：<br>（1）提前对接好社区服务工作部门，确定植树的区域、数量等事项。<br>（2）实地勘察了解社区土壤、适合种植的树木品种。<br>（3）提前准备好树苗、锄具、水桶、肥料、铁锹等植树造林所用物品和工具。 ||||

> 为人类的幸福而劳动，这是多么壮丽的事业，这个目的有多么伟大！——圣西门

| 活动过程 | （4）分小组、分区域安全使用种植工具进行树木种植。<br>（5）种植完成后进行施肥、浇灌等维护工作。<br>（6）劳动完成后，拍照记录。<br>（7）小组之间进行分享、总结、评比 |

## 活动感慨

## 总结反思·讲感触

| 本活动我感触最深的是 | |
|---|---|
| 本活动我有优势的地方是 | |
| 本活动我欠缺的地方是 | |
| 未来我将采取的措施是 | |
| 想对自己说 | |

## 活动拓展·聊感慨

### 走进车站

到当地火车站或汽车站进行义务劳动,打扫车站卫生,为旅客打开水,协助乘务员做好安检、检票、咨询等服务。

### 活动感慨

> 在人的生活中最主要的是劳动训练。没有劳动就不可能有正常的人的生活。——卢梭

# 主题四　增强劳动情感

　　人类的任何活动都蕴含着情感因素。劳动是主观与客观的统一，是人类的本质活动，劳动光荣、创造伟大是对人类文明进步规律的重要诠释。以热爱劳动为荣，以好逸恶劳为耻，广大青少年学生不仅要学好文化课知识，还要积极投身劳动实践，学会用脚步"丈量"世界。

我一直强调，劳动最光荣、劳动最崇高、劳动最伟大、劳动最美丽。全社会都应该尊敬劳动模范、弘扬劳模精神，让诚实劳动、勤勉工作蔚然成风。

——2018年4月30日，习近平给中国劳动关系学院劳模本科班学员的回信

## 07 工作无贵贱，劳动最光荣

　　1997年，中专毕业的景祥俊在大包梁住下来，在四川通江县铁厂河林场泥地坪工区当了一名普通的护林员。从此，她一个人巡护9000亩山林。一巡护就是23年，走过了一个女人最美的岁月，走过10万余千米巡山路，成林10万余株，写下了20多万字的《巡山日记》。在左肾坏死、右肾萎缩的情况下，她坚持边治疗边工作，并把丈夫发展为"编外护林员"。

　　春天挖坑栽树苗，夏天除杂草看林，秋天砍抚育（砍掉树木旁的杂草和灌木）、割藤蔓，冬天收种子集肥料……年复一年，景祥俊重复着这些外人看来劳累、清贫、单调而乏味的工作。有人劝她："你的身体不好，也在林场干了这么多年了，可以换个环境了。"林场的领导考虑到景祥俊的身体，再三提出让她调离一线。她一次次拒绝了。"这辈子，我都不会离开林场。"因为，拥抱绿色、守护大山就是她的心愿。没有比能在大山劳作更幸福的。在她看来，金山银山，哪里比得上绿水青山。二十多年来，景祥俊守护的林子没有发生过一起险情。

　　2015年，景祥俊获得"全国五一巾帼奖章""全国五一劳动奖章"，被评为"四川省奉献就业模范"。

### 思 考

1. 从景祥俊坚守山林、护林造林的故事中你得到了什么启发？
2. 有人说，傻乎乎地劳动，挣不了几个钱，光热爱劳动又有什么用？有人说，劳动的价值不能单单靠金钱来衡量，靠踏实劳动致富的人也很多。你赞成哪种观点？

## 参与活动·谈感受

### 我劳动，我光荣

#### 一、活动主题

我劳动，我光荣。

#### 二、活动内容

校园杂草拔除。

#### 三、活动宗旨

1. 通过体验活动，让同学们形成热爱劳动和尊重他人劳动成果的正确观念。
2. 通过体验活动，让同学们从事平时很少从事的体力劳动，加深对体力劳动的认识、理解和尊重。
3. 通过体验活动，让同学们产生劳动成就感，培养爱护环境、保持公共场所整洁的习惯。
4. 通过体验活动，让同学们学会团队中的分工与合作，正确处理个体和集体的关系。
5. 通过体验活动，把劳动与道德修养、情感体验、人生观和价值观有机结合起来，倡导健康、积极、乐观的生活方式。

#### 四、活动主体

全班同学。

#### 五、活动实施

1. 召开动员会。发出号召，强调活动的重要意义。告知活动规则，在规定时间内分组比赛，小组评比，要求拍一个小视频记录小组活动情况。
2. 按班级人数分成 4~5 人的小组。为各个小组发放劳动工具如扫帚、簸箕。
3. 划分每组包干区域。
4. 规定时间，各小组内部分工协作，拔除分配区域内的杂草。
5. 规定时间到，各小组交叉检查，发现问题，及时改进。
6. 拔草结束，各小组晒劳动成果，看哪个小组拔得最多。

> 为人类的幸福而劳动，这是多么壮丽的事业，这个目标有多么伟大！——圣西门

7. 分享、总结与表彰。奖励拔草最多、拔草后包干区域最干净的小组，将优秀视频推荐到学校公众号，或用其他方式进行宣传。

## 活动感受

## 学习探究·说感想

### 一、劳模精神

劳模精神是劳模之所以成为劳模，而在平凡岗位上做出不平凡业绩所坚持、坚守、坚定的基本信念、价值追求、人生境界及其展现出的整体精神风貌。"劳动模范身上体现的'爱岗敬业、争创一流，艰苦奋斗、勇于创新，淡泊名利、甘于奉献'的劳模精神，是伟大时代精神的生动体现。"习近平总书记关于劳模精神的表述，为我们科学理解和大力弘扬劳模精神提供了正确的方向和指导。这需要我们一方面正确理解这一表述中六个词汇的各自含义，另一方面又要从整体上把握劳模精神的科学内涵。

六个词汇中，爱岗敬业是本分，争创一流是追求，艰苦奋斗是作风，勇于创新是使命，淡泊名利是境界，甘于奉献是修为。做一个守本分、有追求、讲作风、担使命、有境界、有修为的人，是每一位劳模的精神风范，更是每一位劳动者应该追求的目标。

## 二、体力劳动与脑力劳动的区别

根据消耗的劳动力不同，劳动可以分为脑力劳动与体力劳动。脑力劳动又称智力劳动，与"体力劳动""生理力劳动"相对，脑力劳动是劳动者以大脑神经系统为主要运动器官、以消耗脑力为主的劳动。其特征在于劳动者在生产中运用的是智力、科学文化知识和生产技能，故亦称"智力劳动"。

体力劳动是劳动者以运动系统为主要运动器官，以消耗体力为主的劳动。体力劳动以人体肌肉与骨骼的劳动为主，以大脑和其他生理系统的劳动为辅。

## 三、家务劳动与职业劳动的划分

根据劳动发生的领域不同，劳动可以分为家务劳动与职业劳动。

家务劳动既是体力劳动，又是脑力劳动，也包含一定程度的情感和爱心。职业劳动则是以分工的方式参与社会劳动，从而获得报酬的劳动。

> 使人愉快的劳动，能医治心灵的创伤。——莎士比亚

# 最美劳动者

## 担任了半个多世纪人大代表的劳模——申纪兰

申纪兰,一个普普通通的农村妇女,连任13届全国人大代表,在共和国光辉下历练和成长,同样也见证了共和国的成长。

1929年,申纪兰降生在一个农民家庭。23岁时,她成为一名光荣的共产党员。1951年,她在山西平顺县西沟首次倡导并实行了男女同工同酬,极大地推动了妇女社会地位的提升。1954年,该倡议被写入宪法,也是在这一年她首次当选全国人大代表,此后连续当选12次。她伴随着共和国成长而成熟,一生经历丰富,无论是顺境还是逆境,平顺还是坎坷,她都坦然处之,始终不忘劳动人民本色。她曾多次处在领导岗位,依旧坚持"四不"原则——不领工资、不转户口、不定级别、不坐专车。

改革开放以来,申纪兰紧随时代大潮,转换思想,勇于探索,发展农村改革发展新路子。多产业一起抓,开办工厂,创办企业,为加快山区社会经济发展,逐步改善山区生活质量不竭余力。党的十八大以来,她响应党和国家的号召,积极推进乡村绿色生态经济,加快振兴步伐,为脱贫攻坚献力献策。

2020年6月28日,这位普通而又伟大的老人与世长辞,离开了她无比热爱,为之奋斗终生的祖国。"西沟"与"农民",这两个词语是她给自己贴上的标签。她意在表明自己是一个普通的西沟人,一个平凡的农民。劳动、不脱离农村是她一生坚持的为人处世的信条与准则。日复一日,年复一年,她无论身处何地,不忘人民,不改初心,服务群众,始终如一。

## 最美劳动者

### 阳光男孩的"花"样年华——潘沈涵

　　潘沈涵是上海市园林学校15级园林绿化专业的学生。2016年2月，潘沈涵以第2名优异成绩顺利入选上海7人集训队。但是，进入市集训队并不意味着万事大吉。参加全国选拔赛名额只有3个，7名备选队友要经过激烈而残酷的角逐，争夺仅有的3个名额。潘沈涵依靠平稳的发挥，以及别具一格的创意，一举拿下参加全国选拔赛的资格。在总计20名选手的全国选拔赛中，潘沈涵高歌猛进，以始终第一名的卓越成绩，淘汰对手，将国家集训队资格牢牢握在手中。

　　进入了国家集训队，面临的是更加严格和艰辛的训练，以及更加残酷的国家集训队淘汰赛。而这场集训的时间长达1年之久。战线绵长，训练密集，任务繁重，队员承受的压力可想而知。不堪承受，情绪失控以致大哭的情况时有发生。但却从未有人看到过不足18岁的他落过一次泪。最终，通过更加残酷的国家集训队淘汰赛，潘沈涵取得第44届世界技能大赛中国代表队花艺项目的参赛选手资格。

　　"世赛不只是技能的较量，更重要的是心态。"这是潘沈涵赛后总结时所说的话。在这场世界大赛中，他以平和的心理状态，强大的心理素质，高超的技艺水平，制作了一幅备受赞许的花艺作品，一举拿下世界技能大赛花艺项目金牌，"编织"出一个属于中国的胜利花环。

## 劳动体验·话感悟

### 田园劳动体验

| | |
|---|---|
| 活动目的 | 增强劳动情感　　活动范围　　农村 |
| 活动内容 | （1）走访果（茶）园；（2）松土施肥；（3）采果（茶）清园 |
| 活动目标 | （1）认知性目标：采用上网查阅资料、走访调研等方式了解果（茶）园中各种水果（茶叶）的特点及果树（茶树）的生长环境，了解果树（茶树）栽种、培育历史，炒茶、制茶文化。<br>（2）参与性目标：通过访谈、动手，参与到田园劳动中去。<br>（3）体验性目标：通过走访、养护、采摘，了解水果（茶树）生长的过程，了解果实（茶叶）来之不易，感受果农的艰辛。<br>（4）技能性目标：通过动手操作实践，能够掌握正确松土、施肥及正确采摘果实（茶叶）的技巧。<br>（5）创造性目标：能够发现问题，并能利用网络、请教有经验的果农（茶农）等方法创造性地解决问题 |
| 活动安全 | （1）正确使用松土、施肥、采摘果实（茶叶）相关的劳动工具，使用工具时要注意安全。<br>（2）施肥时正确使用各种肥料，避免眼、口接触到化学肥料。<br>（3）采摘果实（茶叶）时，注意最好不要爬到树上，避免跌落受伤。<br>（4）果园、茶园属易燃区域，注意不要吸烟，观察养殖场保温、防火、通风等情况 |
| 活动准备 | （1）了解附近的果园（茶园）。<br>（2）制订计划：包括果园（茶园）地点、出发时间、所需工具、活动内容和经费预算 |
| 活动过程 | 以走访果园为例：<br>（1）事先联系好果园。<br>（2）设计一张表格。<br><br>| 果名 | 生长环境 | 生长周期 | 松土施肥<br>注意事项 | 采摘保存<br>注意事项 |<br>|---|---|---|---|---|<br>| | | | | |<br>| | | | | |<br>| | | | | | |

| 活动过程 | （3）通过实地观察及访问果园工作人员，完成上表。<br>（4）拍摄一些水果、果树的照片或视频。<br>（5）与班上同学分享走访心得 |
|---|---|

## 活动感慨

## 总结反思·讲感触

| 本活动我感触最深的是 | |
|---|---|
| 本活动我有优势的地方是 | |
| 本活动我欠缺的地方是 | |
| 未来我将采取的措施是 | |
| 想对自己说 | |

劳动征服一切。——维吉尔

## 活动拓展·聊感慨

### 走进市场

将采摘到的水果（茶叶）拿到市场义卖，体验自己亲手养护、采摘的劳动果实得到市场认可的情况，思考下次去种植、养护、采摘，有哪些可以改进的地方？

### 活动感慨

_____
_____
_____
_____

要在学生中弘扬劳动精神,教育引导学生崇尚劳动、尊重劳动,懂得劳动最光荣、劳动最崇高、劳动最伟大、劳动最美丽的道理,长大后能够辛勤劳动、诚实劳动、创造性劳动。

——2018年9月10日,习近平在全国教育大会发表讲话时强调

## 08 艰辛知人生，实践长才干

日照桑间雨浇园，叶肥蚕壮吐丝团。不怕辛苦不怕累，更盼小康把梦圆。一只蚕宝宝、一片绿桑叶，在农村的土地上结出一个个"金元宝"。

王利前家住重庆三峡库区云阳县宝坪镇水磨社区。2015年12月，他从部队转业回乡，放弃了在广州月薪6000元的工作，选择了回家创业这条艰辛之路。

农村可以做什么呢？经过一番考察，王利前瞄准了蚕桑产业。他租赁了130多亩田地和部分荒地，建成了集中连片规模化的桑园基地，进行规模化养蚕。在当地政府部门及龙头农业企业的大力帮扶下，桑苗长势良好，桑叶产量高，在2017年正秋和晚秋两季，就产茧2227千克，单产达到40.5千克左右，收入近8.4万元。

王利前的故事只是重庆市发展蚕桑产业的一个缩影。重庆的蚕桑产业多元发展、不断扩大，桑园菜、桑园姜、桑园薯、桑园药套种模式基本普及，桑葚酒、桑葚饮料、桑葚冻果干等多种深加工产品陆续投入市场，桑叶饲料养鸡、养猪、养牛、养羊示范推广成功，利用桑枝生产食用菌、蚕沙生产有机肥、鲜蛹制作食品、雄蛾生产药酒、削口茧等加工丝绵被，极大地拓展了产业链，提升了蚕业经济效益。

### 思 考

1. 王利前回乡创业的故事告诉我们什么道理？
2. 古人云：艰辛知人生，实践长才干。陆游说：纸上得来终觉浅，绝知此事要躬行。这些话体现了什么道理？

## 参与活动·谈感受

# 探秘桑蚕养殖

## 一、活动主题

探秘桑蚕养殖。

## 二、活动内容

走访桑蚕养殖基地或桑蚕科普大观园（博物馆等）。

## 三、活动宗旨

1. 通过查阅资料，观看古法缫丝和桑蚕科普，了解中国古代蚕桑文化及历史变迁。

2. 通过实地走访，融入大自然，感受蚕由卵、幼蚕、蚕茧、蚕蛹，到最后破茧成蝶的生命过程。

3. 通过调研实践，体验劳动的快乐，增强热爱劳动、劳动光荣的情感。

4. 通过活动拓展，把劳动与实践教育、情感体验和职业价值观有机结合，在活动中学会正确处理个人与集体、理论与实践的关系，积极投身社会实践活动，全面提升德智体美劳综合素质。

## 四、活动主体

全班同学。

## 五、活动实施

1. 召开动员会。发出号召，强调活动的重要意义。

2. 活动准备。

（1）分组，确定组员、分工和调研主题（尽量不重复），讨论实践计划，制订活动方案。

（2）根据活动时间、地点、车辆等统一安排，结合各组实践方案，同学们做好调查问卷、采访提纲等资料准备，以及手机、笔记本、录音笔、个人用品等物质准备。

3. 实地参观。走访基地、发放问卷、实施采访等，分组开展活动。

> 劳动教养了身体，学习教养了心灵。——史密斯

4. 沟通交流。详细了解农民桑蚕养殖情况，并与农户面对面交流，了解他们的养殖管理技术、成本投入、市场价格、年产量、经济收益等情况及今后的发展理念、方向等。

5. 活动结束。各组整理资料，并撰写调研报告或制作PPT、视频等，在班内进行分享汇报。

6. 总结表彰。择优将调研报告、心得体会通过公众号或其他方式进行宣传推广，扩大活动影响力。

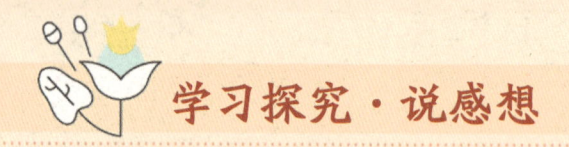

## 活动感受

## 学习探究·说感想

### 一、社会实践的含义

社会实践是人类有目的地改造世界的感性物质活动，是对人类自身社会历史活动本质的概括。全部人类历史是由人们的实践活动构成的。

### 二、社会实践的意义

在"产教融合"的基本原则下，要提高学生的动手动脑能力，弘扬劳动光荣观念，发扬工匠精神，打造职教特色。只有加强社会实践，才能提高学生综合职业能力，提升人才培养质量。

1. 社会实践是培养高技能人才的必经之路

新时代对我国技能人才的培养提出了全新的挑战。现代制造业需要大批具备某一领域的综合知识的技能人才，这更需要学生真枪实练，广泛参与社会实践，让"学得好"和"用得上"无缝衔接。

2. 社会实践是促进学生健康成长的重要途径

社会实践活动是学生素质教育的重要组成部分，是学生德智体美劳全面发展的重要途径。它是课堂教学的延伸和补充，能帮助学生树立正确的世界观、人生观、价值观，帮助学生在理论和实践的有机结合中提高思想觉悟，增强社会意识、责任意识、集体意识，促进健康成长。

3. 社会实践是促进学生优质就业的有力武器

学历与经验是工作单位用人的重要标准。学历是踏入工作岗位的敲门砖，经验是巩固工作的基石。社会实践可以帮助学生将理论知识与工作实际结合，积累社会阅历，丰富工作经验，提高解决问题的能力，助力学生优质就业。

## 三、社会实践的方法与途径

职业院校学生参与社会实践的方法与途径大致有以下几类。

1. 课程学习实践

课程学习实践是职业院校学生实践活动的主要构成部分。它由实验教学、实习教学、毕业设计及科技创新等多个方面构成。学生按照学校教学要求，依据课程教学内容和教学设计，通过实践活动巩固知识，增强学习效果。

2. 专项社会实践

专项社会实践活动有较强的针对性和特殊性，具有形式新颖多样、活动内容丰富、活动范围广泛等特点。一般包括公益活动、志愿者服务、顶岗实习、回乡实习等。通过专项社会实践活动，实现服务社会、贡献家乡的目的，增强社会责任感和就业意识。就职业院校学生而言，专项社会实践活动主要包括公益实践和顶岗实习。

3. 主题社会实践

主题社会实践是职业院校学生社会实践活动的主要形式之一，具有较强目的性和针对性，活动内容相对具体明确，实践活动形式多样，其主要形式包括活动交流和具有主题的服务活动、实践活动及社会调研等。

4. 个体实践

个体实践是职业院校学生参与社会实践的普遍途径之一。其最大的特点在于实践活动个体性和社会性相结合，主要包括个体兼职活动和创业实践活动。个体实践活动能帮助学生积累一定社会实践经验，培养职业素养，提升综合职业能力。

> 对于富有才华和热爱劳动的人来说，不存在任何障碍。
> ——贝多芬

## 最美劳动者

### 织布机上织出精彩人生——刘沙

刘沙，湖北省襄阳人，际华3542纺织公司纺织女工，先后获湖北省"五一劳动奖章""湖北好人奖""全国劳动模范"等奖项和荣誉称号。

2005年，刘沙中专毕业，随即离乡南下赴广东打工。4年后，24的刘沙从广东返回家乡，不久进入际华3542纺织公司，成为一名纺织工人。就是在这里，她从一个平凡无奇的纺织女工成长为全国劳动模范。这段历程，她只用了短短6年。荣誉的背后，是她从不轻言放弃的执着与坚持。

当织布机出现"断经"故障时，熟练工人一般能以一分钟打26个结的速度在40秒内处理完毕，让机器恢复正常运转。刚进工厂的她完全是个新手，缺乏经验，一分钟只能打7个结，远远落后于别人，是带班师傅经常批评的对象。她看在眼里，急在心里，咬牙坚持，向师傅请教要领，默默观察相邻工位工友的手势动作。此外，还在夜里等大家都睡了，默默出门，一个人去练习打结。经过两个月的练习，她已经达到熟练工人的水平，但她并不满足，继续苦心钻研，最终达到了每分钟打36个结的水平。

一个人技术好不算什么，只有大家好才是真的好。2012年4月，她服从厂里的安排，担任操作技术最差的丙班的教练。一上任，就对丙班所有人的情况逐一进行摸底调查，掌握基本情况后，有针对性地制订了个性化提高计划，一对一帮扶。分解操作流程，解析操作要领，面面俱到，细致耐心，最终丙班的技术水平得到了极大提升。

刘沙，是一面飘荡在中国现代化纺织战线上的鲜活旗帜。她扎根在纺织车间，把平凡的事情做到极致，做出了非凡的成绩。

## 最美劳动者

### 让中国园艺走向世界——孙伟、汪仕洋

孙伟、汪仕洋都是黄山学院14级园林专业的学生。2016年6月，两人组队参加黄山市选拔赛获得第一名；同年7月，以省选赛第三名成绩获得安徽省集训队名额；同年9月，以全国选拔赛第二名成绩进入国家集训队。

在集训期间，每日的训练必不可少，烈日当空，选手在集训场地持续劳作4~5个小时，汗流浃背，灰头土脸是常态。这是中国首次参加世界技能大赛园艺项目的比赛，在毫无前例可循的状况下，如何选拔出最优秀的队伍，是当时集训专家团面临的最棘手的问题。后面被戏称为"土办法"的选拔方法应运而生。8分钟限时搬运石块堆至50米处，然后垒石成墙，重点考察搬运及垒石效率；紧接着是穿针训练，限时2分钟，同样考察效率；然后做纸盒测试，一人一块硬纸板，限定时间内做出一个盒子，着重考察纸盒的面积和稳定性……除此之外，集训专家团还会对选手进行审美与设计、体力与定力方面的集中培训。在这样日复一日的训练下，孙伟、汪仕洋的专业技能和心理素质不断提升，最终脱颖而出，取得代表国家参赛资格，远赴阿布扎比，参与第44届世界技能大赛园艺项目比赛。

"一朝入土坑，十年出不来。"这是赛后接受采访时，孙伟的自我调侃，但却道出了园林专业的实情：与土作伴，与沙为乐，地地道道一个"土人"。也正是这种甘做"土人"，与沙土为伍的韧劲与毅力，让他们一路披荆斩棘，破关斩将，勇夺第44届世界技能大赛园艺项目铜牌，为祖国争得了荣誉。

# 劳动体验·话感悟

## 田园劳动体验

| 活动目的 | 增强劳动情感 | 活动范围 | 农村 |
|---|---|---|---|
| 活动内容 | （1）走访养殖场；（2）喂养畜禽；（3）消毒检疫 |||
| 活动目标 | （1）认知性目标：采用上网查阅资料、走访调研等方式了解养殖基地经营、喂养及消毒检疫的方式和规范。<br>（2）参与性目标：通过搜集资料、实地走访、交流经验等方式，了解我国桑蚕文化及其他畜禽养殖的历史；了解桑蚕及其他畜禽喂养过程和消毒检疫规范；认知养殖在脱贫攻坚和乡村振兴中起到的积极作用。<br>（3）体验性目标：体会养殖的辛劳和劳动创造美好生活的快乐，乐于与人交流劳动经验，分享劳动成果。<br>（4）技能型目标：通过亲自实践桑蚕喂养或畜禽喂养，掌握养殖基本流程规范。<br>（5）创造性目标：能够主动提出问题，并通过自主探究、观察走访、实地调研、数据分析、网络查询等方式创造性地解决问题 |||
| 活动安全 | （1）正确使用相关劳动工具，使用工具时要注意安全。<br>（2）走访养殖场时，要注意养殖房内的木干、床架等工具；要了解养殖户安全生产防控意识；注意观察养殖场保温、防火、通风等情况；对发现的问题要及时向养殖场提出改进性建议。<br>（3）喂养畜禽时，要穿工作服，做好个人的防护工作。<br>（4）消毒检疫方面，要设立规范的消毒制度，有必要的消毒设施，对场内环境及器具进行严格的消毒，做好日常消毒工作。一旦发现病死或突然死亡的畜禽必须及时判定，立刻封闭并移送到规定的地方消毒深埋。杜绝污染物，切断传播途径，最大限度地防止病原体侵入养殖场，使畜禽生长处于良好的状态和安全的环境中 |||
| 活动准备 | （1）自由组合，确定分组，明确主题。<br>（2）确定社会实践的项目（走访养殖场、喂养畜禽、消毒检疫）并预估各项目花费的时间。<br>（3）准备好桑叶和蚕宝宝。<br>（4）准备好手机或相机等工具。 |||

| | |
|---|---|
| 活动过程 | 以喂养桑蚕为例：<br>（1）先拍张现状图。从蚕蚁到蚕宝宝：适宜温度为20~25℃，孵化时间为2~3天。收蚁：小蚕会像蚂蚁一样从卵壳内钻出来，用很轻的手势，把它收引到嫩叶上。注意事项：蚕卵孵化期间需透气、避光保存。<br>（2）喂养蚕宝宝。蚕宝宝的生活习性是：吃饱了就睡，睡醒了就吃。生活环境：塑料或木质的平板盒子。注意事项：桑叶要新鲜的，也可以每次采集一塑料袋，分次每天用几张，其余的洒点水装在冰箱里保鲜。采来的叶子会有一定的灰尘，可以洗净后晾干，一定要晾干，不然小蚕或大蚕吃了会拉肚子。<br>（3）蚕宝宝吐丝结茧。蜕皮：经过一次蜕皮后，就是二龄幼虫，幼虫蜕一次皮就算增加一岁，一共要蜕皮四次。结茧：4次蜕皮后再过7~8天，不再吃桑叶，身体开始发亮，则开始寻找适当的位置开始结茧。注意事项：在养蚕盒内放些可以支撑的东西，帮助蚕宝宝做茧。<br>（4）蚕宝宝破茧而出。在茧子中进行最后一次（第五次）蜕皮，成为蛹。再过7~10天后，蛹化成为蚕蛾，破茧而出。注意事项：身体胖乎乎的是蚕宝宝的妈妈，瘦瘦的是蚕宝宝的爸爸。让蚕宝宝的爸爸、妈妈生活在一起，到了第二天，就可以看到很多的蚕卵，如果保护得好，到第二年春天这些蚕卵就可以再次孵化。<br>（5）再用手机拍张现状图。<br>（6）将整个养蚕过程通过视频、心得体会等方式记录下来，并在小组同学中分享，最后，全班开个交流分享会。<br>注意：蚕对香味特别敏感，不能用香水、蚊香、空气净化剂、香味化妆品等。绝对禁止用任何类型的杀虫剂 |

> 不劳动者无法从中获得裨益。——贺拉斯

## 活动感慨

## 总结反思·讲感触

| 本活动我感触最深的是 | |
|---|---|
| 本活动我有优势的地方是 | |
| 本活动我欠缺的地方是 | |
| 未来我将采取的措施是 | |
| 想对自己说 | |

## 活动拓展·聊感慨

### 走进蚕场

蚕病靠防，防重于治。研究发现，危害桑蚕死亡的疾病 90% 以上是由病毒、细菌、真菌和微粒子蚕病原微生物引起的传染性疾病，病原微生物是主要的危害源，它们威胁着家蚕的生命安全。为了预防桑蚕感染病菌造成不必要的经济损失，养殖户必须坚持对养殖区的定期消毒杀菌，从根源上彻底消除病菌的危害。养蚕场的消毒灭菌工作可以"一扫、二洗、三刮、四消、五灭"。

走进桑蚕养殖基地，学习养蚕消毒灭菌方法。

### 活动感慨

# 主题五　增长劳动知识

"一勤天下无难事",中华民族素来勤于劳动、善于创造,因而我们拥有了历史的辉煌和今天的成就。我们要实现"两个一百年"奋斗目标、实现中华民族伟大复兴,必须依靠知识,必须依靠劳动,必须依靠广大青年。这是我们事业成功的力量所在。

三百六十行，行行出状元。任何一名劳动者，要想在百舸争流、千帆竞发的洪流中勇立潮头，在不进则退、不强则弱的竞争中赢得优势，在报效祖国、服务人民的人生中有所作为，就要孜孜不倦学习、勤勉奋发干事。一切劳动者，只要肯学肯干肯钻研，练就一身真本领，掌握一手好技术，就能立足岗位成长成才，就都能在劳动中发现广阔的天地，在劳动中体现价值、展现风采、感受快乐。

——2015年4月28日，习近平在庆祝"五一"国际劳动节暨表彰全国劳动模范和先进工作者大会上的讲话

## 09　磨刀不误砍柴工

有一个人在一个伐木厂找到了一份不错的工作。他决定认真做好这份工作，好好表现。

上班第一天，老板给了他一把斧子，让他到人工种植林里去砍树，这个人卖力地干了起来。一天时间，他不停地挥舞着斧子，一共砍倒了19棵大树。老板满意极了，夸他干得不错。此人听了很兴奋，决定工作要更加卖力，以感谢老板对他的赏识。

第二天，此人拼命工作，他的腿站久了又酸又疼，胳膊更是累得抬不起来了，可是这样拼命，却并没有带来更好的结果。他觉得自己比第一天还要累，用的力还要大，可第二天却只砍倒了16棵树。此人想，也许我还不够卖力，如果我的成绩一直下降，老板一定会以为我在偷懒，所以我要更加卖力才行。

第三天，此人投入了双倍的热情去工作，直到把自己累得再也动不了为止。可是，让他失望的是，他只砍倒了12棵树。

此人是个很诚实的人，他觉得太惭愧了，拿着老板给的高薪，工作却越来越差劲。他主动去向老板道歉，说明了自己的工作情况，并检讨说："我真是太没用了，越卖力干得越少。"老板问他："你多久磨一次斧子？"此人一听愣住了，他说："我把所有的时间都花在砍树上了，哪里有时间去磨斧子啊？"

埋头苦干是很好的做事态度。可是，这并不意味着只要我们花上大量的时间，事情自然就会解决。实践告诉我们：不是不做事，也不是只做事，而是要善于思考和学习，注意做事的方式和方法。

### 思　考

1. 磨刀不误砍柴工的故事告诉我们什么道理？
2. 有人说，学习比劳动重要，也有人说劳动比学习重要，你认为这话对吗？为什么？

## 参与活动·谈感受

## 寝室是我家，我爱我家

### 一、活动主题

寝室是我家，我爱我家。

### 二、活动内容

整理床铺，规范物品摆放，整理寝室内务。

### 三、活动宗旨

1. 通过内务整理，学会方块被子折叠、物品摆放。
2. 通过体验劳动的快乐，营造良好的生活环境，激发学生对生活的热爱，在实践中进行劳动习惯的培养。
3. 通过活动的延伸，把劳动与习惯养成、情感体验、人生观和价值观有机结合起来，倡导健康、积极、乐观的生活方式，让同学们形成热爱劳动和尊重他人劳动成果的正确观念。

### 四、活动主体

全班同学。

### 五、活动实施

1. 召开班级动员会，启动活动，发出号召，强调活动的重要意义。
2. 以寝室为单位划分小组。
3. 以学校内务规范标准为标杆，确定内务整理要求。
4. 由各寝室室长进行分工，做到分工明确，各司其职，团队协作。
5. 准备劳动工具，如扫帚、拖把、垃圾桶、脸盆、抹布、垃圾袋等。
6. 根据班级部署，统一时间开展活动。
7. 活动结束后，各寝室进行交叉（男女生寝室分开）检查，发现问题，及时改进。
8. 分享、总结与表彰。先由小组分享总结，然后全班进行总结表彰。

> 平时不劳动的人，一生没有节日过。
> ——涅克拉索夫

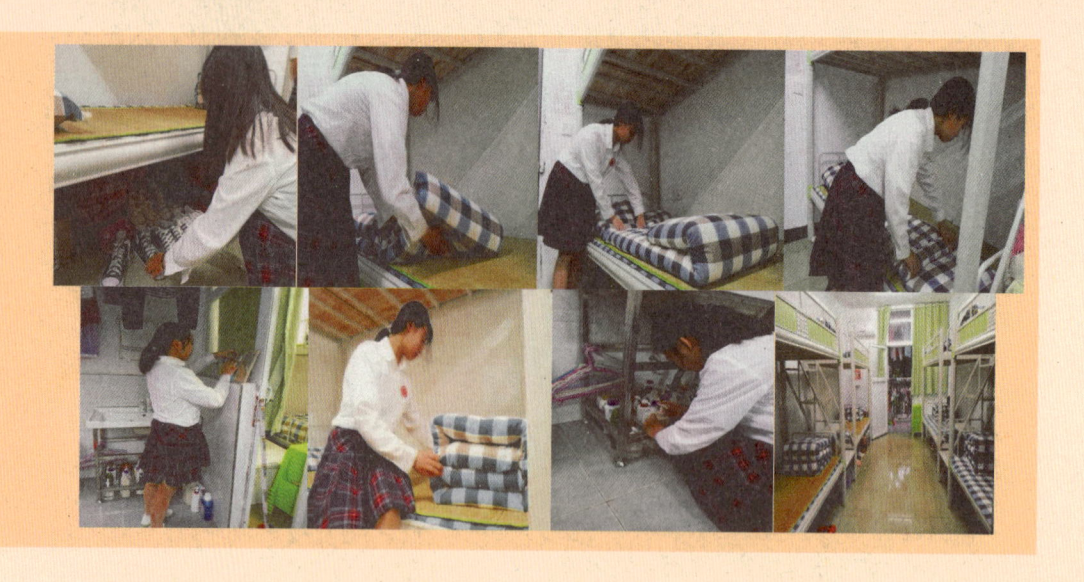

## 活动感受

## 学习探究·说感想

### 一、劳动与学习

  劳动，是指人们改变劳动对象使之适合自己需要的有目的的活动。

  学习是指个体在一定的情境下，通过练习或获取经验而导致行为发生较为持久变化的过程。广义的学习泛指人和动物在与外界环境的相互作用中获得个体行为经验的过程。包括动物的习得行为，人的行走、言语、知识、技能、习惯和道德品质的学习等。狭义的学习则主要指学生在学校中掌握系统科学文化知识和社会经验的活动，是学习的特殊形式。

  随着社会发展，科学技术的不断进步，未来职业的专业性、技术性、创造性特点越来越强，对劳动者素质能力的要求越来越高。体力劳动类职业和各种职业中的体力要求将大大降低，而逐渐被人工智能（机器人和创意性工作）所代替。我国正进入一个社会转型期，作为一名未来的劳动者，应随着经济的迅速发展，综合国力的快速增强，适应社会对劳动者的基本素质提出的全新要求。

未来的竞争是人才的竞争，学习是通向21世纪的护照。当今社会发展日新月异，在给我们带来机遇的同时，也对我们每个未来劳动者提出更高的挑战。作为一名优秀人才，不仅需要扎实的理论功底，还要具备高效的工作能力，这就需要在立足本职工作的同时，奋发图强，勤恳踏实，勤于学习，勇于实践，在工作中快速成长，而这些知识与能力的获得都需要从不断的学习中获取。作为未来劳动者，不断学习知识是十分必要的，如今一专多能的人才越来越受到重视，要做到这一点，唯有学习、学习再学习，精业、精业再精业。加强自身学习是立身之本，也是成长的首要条件，因此每个人都要有不断学习与终身学习这种意识。

## 二、工学交替与顶岗实习

近年来，我国职业教育事业快速发展，职业院校高度重视学生生产实践能力的培养，培养了大批中高级技能型人才。《国务院关于加快发展现代职业教育的决定》明确指出：职业教育要以服务发展为宗旨，以促进就业为导向，适应技术进步和生产方式变革，以及社会公共服务的需要，深化体制机制改革，统筹发挥好政府和市场的作用，加快现代职业教育体系建设，深化产教融合、校企合作，培养数以亿计的高素质劳动者和技术技能人才。

工学交替、顶岗实习是培养合格技能型人才的必由之路，知识与技能单从学校学习是远远不够的。虽然学生在校期间学到了一些基本操作，但是因为技能有限，并不能满足企业生产对人才的需要；学校教学设备有限，虽能满足教学需求，但与企业生产设备的种类及先进性能还相差甚远。学生通过工学交替、顶岗实习，可以更好地领会岗位生产与技能，实现校企两个阶段的无缝对接，毕业即成为企业合格员工。

工学交替、顶岗实习可以让同学们提前熟悉企业环境，学习先进的企业管理理念。真实的企业环境有助于学生了解行业最新动态，增强现场工作能力，发挥团队合作精神。因此，我们要走出校园，通过开展工学交替、顶岗实习，加深学生对企业的认知，这具有传统课堂教学无法比拟的优势。让同学们将理论知识与实际操作相结合，应用所学的知识与技能开展实践活动。通过开展工学交替、顶岗实习，将在校期间所学的理论和企业生产实践相结合，提高学生的学习兴趣。

工学交替、顶岗实习是培养学生服务意识、劳动观念和职业道德的有效途径。企业对技能型人才的要求，不仅是对技能高低的要求，对职业素养等也有一定的要求。必须让同学们深入企业一线，了解企业管理内涵、企业文化、生产工艺，提高学生的服务意识，让同学们在实践中感知职业道德。

> 劳动永远是人类生活的基础，是创造人类生活和文化幸福的基础。——马卡连柯

## 最美劳动者

### "世界杂交水稻之父"——袁隆平

袁隆平，中国杂交水稻育种专家，中国工程院院士，共和国奖章获得者。

1930年9月7日，袁隆平出生于北京。他成长的年代，正值中国战火纷飞，动荡不安，童年的他随父母四处辗转，尝尽颠沛流离之苦。1953年8月，他从西南农学院农学系毕业，被分配到湖南怀化安江农校任教。就是在那里，开启了他为之奋斗一生的伟大事业——杂交水稻培育。

1960年7月，一次偶然的机会，袁隆平在农校试验田邂逅了一株独一无二的水稻。他推断应是天然杂交水稻。次年，他证明了自己的推断，而人工培养杂交水稻的想法也在他的心里生根发芽。但这明显与当时的遗传学理论背道而驰，可他还是暗下决心要将自己的研究坚持到底。此后，他一心沉浸在试验田，寻找、培育、试种，重复又重复，不知疲倦，甘之如饴。1964年到1965年，两年的研究试验让袁隆平进一步深化了认知，收集了大量高价值的数据，于1966年发表了论文《水稻的雄性不孕性》。该论文一经发表就引起国内外瞩目，因为它彻底颠覆了传统权威认知。杂交水稻的培育是荆棘满路，坎坷不断的。袁隆平凭借不折不挠的毅力，攻克层层难关。1974年，成功培育并试种"南优2号"杂交水稻，亩产628千克。

袁隆平钻研科学，不畏艰苦，甘于寂寞，勇于创新。他不仅给予了中华民族乃至全世界一份绵延千秋万代的物质财富，更给予了我们一份受益无穷的精神财富。

## 最美劳动者

### 焊接火箭"心脏"的人——高凤林

高凤林，中国航天科技集团公司第一研究院特种熔融焊接高级技师，首次月球探测工程突出贡献者。

1980年，高凤林从第七机械工业部第一研究院211厂技工学校毕业，直接进入211厂成为一名车间工人。对焊接而言，扎实的基本功是最基本的要求。为了磨炼自己的基本功，高凤林连吃饭喝水的时候都不放过练习的机会，用筷子模拟焊接送丝，端满缸的水练习手的稳度。此外，加强锻炼，提升体能，甚至为了观察铁水流动规律，甘冒高温灼伤风险。

机会总是留给有准备的人。高凤林参与了国家首个低温液氢液氧高性能发动机的研制工作。针对新材料在焊接加工时遇到的问题，他翻阅众多技术资料，经过大量试验与分析，最终找准关键所在。通过调整细结晶，加上脉冲技术，成功攻破难关，新型发动机得以成功研制。此后，他参与了一系列重大项目，在其中扮演了重要角色，积极贡献自己的力量。在提升理论知识方面，高凤林撰写了大量专业论文和学术著作，理论与实践相结合，努力让自己成为知识型、技能型、创新型的劳动者。

"我在航天一线干了38年，在我看来，工匠精神的核心，就是要做到让人竖大拇指。"高凤林说道。他眼中的工匠精神就是长久地、全心全意地专注于一个领域，精益求精、做到极致。

# 劳动体验·话感悟

## 职园劳动体验

| 活动目的 | 增长劳动知识 | 活动范围 | 学校、企业 |
|---|---|---|---|
| 活动内容 | （1）企业调研；（2）收集整理资料；（3）调整职业规划 |||
| 活动目标 | （1）认知性目标：通过参观学习、听取介绍等方式了解专业前景。<br>（2）参与性目标：通过观摩等方式，对所学专业的性质、内容等有一定的认识，为了解和巩固专业知识创造条件。<br>（3）体验性目标：在实践中了解专业、熟悉专业，巩固和加深理解在学校所学的知识，收获提升能力、分享劳动带来的喜悦。<br>（4）技能性目标：理论联系实际，理论知识更加扎实，专业技能更加过硬。<br>（5）创造性目标：能够发现问题，并能利用已学知识和网络等工具创造性地解决问题 |||
| 活动安全 | （1）出行留意，注意交通安全。<br>（2）妥善保管财物，注意财产安全。<br>（3）遵守实操规程，注意人身安全 |||
| 活动准备 | （1）详细收集调研企业、实践学生的相关信息和联系方式等资料。<br>（2）准备活动相关资料（如策划书、调查问卷等），确定要调研或实践的项目及花费的时间等。<br>（3）告知注意事项，确定个人必需品是否齐备。<br>（4）宣传工作的安排及道具（如手机、相机）的准备 |||
| 活动过程 | （1）确定企业调研必要性。<br>（2）确定调研目的：如工资待遇、工作时间、安全防护、工作环境、技能培训等方面。<br>（3）设计调研方案。<br>（4）收集资料：如企业对员工在敬业精神、专业知识、工作态度、创新精神方面的要求等。<br>（5）设计问卷。<br>（6）确定调研目标及数量。<br>（7）收集整理资料。<br>（8）资料分析。<br>（9）撰写调研报告。<br>（10）按照报告制订职业规划，并在小组进行分享 |||

## 活动感慨

## 总结反思·讲感触

| | |
|---|---|
| 本活动我感触最深的是 | |
| 本活动我有优势的地方是 | |
| 本活动我欠缺的地方是 | |
| 未来我将采取的措施是 | |
| 想对自己说 | |

## 活动拓展·聊感慨

### 走进企业

结合教学实践，组织学生观摩技术能手实操，从中学习技术能手的工作和学习态度。

> 科学，劳动，实际工作？才能够使我们病态的、放荡的青年清醒过来。——冈察洛夫

## 活动感慨

全面建成小康社会，我国亿万劳动群众是主体力量。希望我国广大劳动群众以劳动模范为榜样，爱岗敬业、勤奋工作，锐意进取、勇于创造，不断谱写新时代的劳动者之歌。

——2016年4月26日，习近平在知识分子、劳动模范、青年代表座谈会上的讲话

## 10 我在故宫修文物

《我在故宫修文物》是由中国中央电视台出品的一部文物修复类纪录片,重点纪录故宫书画、青铜器、宫廷钟表、木器、陶瓷、漆器、百宝镶嵌、宫廷织绣等领域的稀世珍奇文物的修复过程和修复者的生活故事。

故宫90周年大庆,一群在故宫日复一日、年复一年工作的幕后工作者——文物修复师忙着修复手中的文物。青铜组的王有亮师徒、陶瓷组的王五胜和两个80后年轻人、钟表组的王津师徒,神情专注,认真、负责、儒雅、内敛,修复康熙皇帝六十大寿时32扇屏风、乾隆皇帝铜镀金乡村音乐水法钟、唐代三彩马、珍宝馆银器、乾隆生母金发塔等文物珍宝。

没有作者落款,没有画面内容介绍,也没有确切创作时间,在此之前,它从来没有与公众见面过,连它的名字,在修复时也还没有定下来。书画组的杨泽华和同事们日夜辛苦地奋斗工作,一丝不苟,极度认真用心,修复好了一幅已有250年寿命的古画。这幅古画,原本非常的残破,绢面有缺损、断裂,还有霉迹。经过故宫专家考证,该画展现的是乾隆皇帝给他母亲崇庆皇太后过八十大寿时,现场祝寿的实景。

中国是需要这样的匠人精神的,择一事,终一生。

### 思 考

1. 你在文物修复师身上学到了什么精神?
2. 技高行天下,能强走世界。你对这句话是怎么理解的?

# 参与活动·谈感受

## "我身边的工匠"摄影展

### 一、活动主题

"我身边的工匠"摄影展。

### 二、活动内容

拍摄身边的工匠，举办摄影展。

### 三、活动宗旨

1. 通过实践活动，在不断的思考过程中，让同学们养成善于发现美好的习惯。
2. 通过体验动手的乐趣，激发同学们对劳动的兴趣，在分享中感悟工匠精神。
3. 通过活动的延伸，把劳动与工匠精神结合起来，引导同学们培育敬业、精益、专注、创新等精神。

### 四、活动主体

全班同学。

### 五、活动实施

1. 动员号召。召开班级动员会，启动活动，发出号召，强调活动的重要性。
2. 分组安排。将全班同学分成若干个组，并由小组成员选出小组长。
3. 拟定拍摄方案。各小组内部商讨，拟订拍摄方案，由小组长分配各成员职责。
4. 分组寻找。根据小组方案，小组成员分工准备相应的材料、工具，联系对应工匠。
5. 开始拍摄。根据各组情况，启动"我身边的工匠"拍摄。
6. 素材整理。各组整理拍摄的照片，精选、冲洗适合展览的照片。
7. 筹备摄影展。各小组组长共同拟订摄影展方案。
8. 举办摄影展。举办"我身边的工匠"摄影展，邀请老师、同学参观。
9. 活动总结。召开主题班会，总结、反思活动存在的问题，与全班同学分享你的收获。

> 劳动能唤起人的创造力。
> ——列夫·托尔斯泰

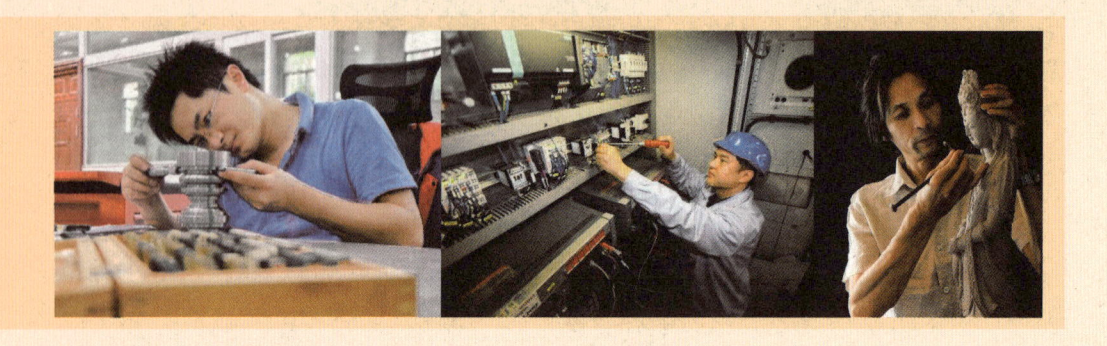

## 活 动 感 受

## 学习探究·说感想

### 一、工匠精神的内涵

工匠精神,是一种职业精神,是职业道德、职业能力、职业品质的体现,是从业者的一种职业价值取向和行为表现。工匠精神的基本内涵包括敬业、精益、专注、创新等方面的内容。

敬业是从业者基于对职业的敬畏和热爱而产生的一种全身心投入的认认真真、尽职尽责的职业精神状态。

精益就是精益求精,是从业者对每件产品、每道工序都凝神聚力、精益求精、追求极致的职业品质。所谓精益求精,是指已经做得很好了,还要求做得更好。

专注就是内心笃定而着眼于细节的耐心、执着、坚持的精神。一旦选定行业,就一门心思扎根下去,心无旁骛,在一个细分产品上不断积累优势,在各自领域成为"领头羊"。

创新是以新思维、新发明和新描述为特征的一种概念化过程。工匠精神还包括追求突破、追求革新的创新内蕴。

### 二、工匠精神的当代价值

2016年3月5日,国务院总理李克强在《政府工作报告》中提到:"鼓励企业开展个性化定制、柔性化生产,培育精益求精的工匠精神,增品种、提品质、创品牌。""工匠精神"出现在政府工作报告中，让人耳目一新。

现代科技时代，"工匠"似乎远离我们而去。但是，实现中华民族伟大复兴的中国梦，不仅需要大批科学技术专家，同时也需要千千万万的能工巧匠。更为重要的是，"工匠精神"作为一种优秀的职业道德文化，它的传承和发展契合了时代发展的需要，具有重要的时代价值与广泛的社会意义。

### 三、工匠精神与劳模精神、劳动精神的关系

劳模精神是以爱国主义为核心的民族精神和以改革创新为核心的时代精神的生动体现，是激励我国工人阶级和劳动群众不为任何风险所惧、不被任何干扰所惑、在中国特色社会主义道路上奋勇前进的强大精神动力。

劳动精神是每一位劳动者为创造美好生活而在劳动过程中秉持的劳动态度、劳动理念及其展现出的劳动精神风貌。劳动精神在理念认知上表现为全社会尊重劳动、崇尚劳动、热爱劳动；在行为实践上表现为劳动者辛勤劳动、诚实劳动、创造性劳动。

劳模精神和劳动精神的关系是部分和整体的关系，劳模精神和工匠精神的关系是外力和内力的关系，劳动精神和工匠精神是共性和个性的关系。劳动精神是成为人的精神，工匠精神是成为更加优秀的人的精神，劳模精神则是成为影响别人的人的精神。

> 真挚而纯洁的爱情，一定渗有对心爱的人的劳动和职业的尊重。——邓颖超

## 最美劳动者

## "蛟龙号"钳工——顾秋亮

顾秋亮,"蛟龙号"载人潜水器首席装配钳工技师,曾获"全国最美职工""江苏省技术能手"等荣誉称号。

1972年,顾秋亮进入中国船舶重工集团公司第702研究所。刚进研究所做学徒的时候,由于缺乏实操经验,上手效果比较差,他常常遭到师傅们的批评。于是,他戒骄戒躁,静下心来,一心钻研专业技术,用最扎实的方法苦练基本功。将近10厘米的方铁磨成只有0.5厘米的铁片是他的日常练习。要想成功磨出一块,往往要连试十五、六块方铁,锉刀也磨断了几十把,不断地动脑筋琢磨。渐渐地,手感有了,做的工件的灵性也出来了。他做的工件竟然全部能够达到免检标准,他也因此得了一个外号叫"顾两丝"。这里的"丝"是在数控机床和钳工精密度上的常用数据单位,1丝等于1/100毫米。经顾秋亮之手锉出的工件,能达到0.2丝的精度。此后40多年,他先后参与、主持过数十项机械加工和大型工程项目的安装调试工作,可谓经验极其丰富、技术高超精湛。

2004年,顾秋亮开始参与"蛟龙号"载人潜水器的总装工作。他态度严谨,作风沉稳,带领全组成员,科学有效地完成团队所承担的各项任务,将对祖国深海事业的热忱和忠诚全部投入自己的工作中。他说,就他个人而言,托付生命的信任感、崇高的使命感,是促使他持续前进的无上动力,更是他的无上荣耀。如今,已近花甲的他仍然坚守在工作第一线,为我国深海事业默默奉献。

## 最美劳动者

### 十年磨一剑 今日把示君——黄晓呈

　　1997年，黄晓呈出生于广东揭阳一个农村家庭。2013年，初中毕业后，迷茫不知前路的他进入了广东省机械技师学院。从这里踏上了他的金牌之路。

　　入学后不久，黄晓呈在思想上就有了很大转变，他意识到只要自己努力，技能学子同样也可以成为国家的栋梁之材，实现精彩的人生。2015年，黄晓呈进入学校数控集训队。2016年9月，黄晓呈初试身手，参加广东省选拔赛，出人意料地夺得第一名，接着又在全国选拔赛中，夺得第二名，成功入选国家集训队。入选国家集训队后，黄晓呈先后在北京、广州基地参加了国家集训队10进5、3进1的选拔，总共比拼了36个模块，在所有的晋级赛中均获第一名，成为征战第45届世界技能大赛数控车项目的最后人选。

　　进入喀山赛场，第一天的比赛模块是批量件，拿到图纸前两分钟，黄晓呈的脑袋几乎是空白状态的。因为外国人的表达方式，确实也超出了黄晓呈的想象。但由于平时训练高难度的积累，黄晓呈还是很快看懂了图纸，整体还是很顺利的。第二天比赛模块是配合件，提供的材料多给两块毛坯，由于零件特征薄，无法装夹，需要借助夹具完成加工。比赛过程中，有个细节没有处理好，黄晓呈迅速调整好心态，继续加工，保持精准率，最后提前完成比赛。最后一天的比赛，黄晓呈继续调整心态，在最后一个模块加工中细心谨慎，完美地完成了所有任务。最终以绝对优势夺得金牌，实现了中国选手在数控车项目上金牌零的突破。

## 劳动体验·话感悟

## 职园劳动体验

| 活动目的 | 增长劳动知识 | 活动范围 | 学校、家庭、企业 |
|---|---|---|---|
| 活动内容 | （1）烘焙制作食品；（2）加工制作酸奶；（3）销售产品 | | |
| 活动目标 | （1）认知性目标：了解食品卫生安全的内容；采用上网等方式学习烘焙食品、制作酸奶和销售产品的方法。<br>（2）参与性目标：通过搜集资料等方式，学会烘焙食品、制作酸奶和销售产品的方法。<br>（3）体验性目标：体会食物制作中的乐趣，出售劳动成果，体验劳动的辛劳。<br>（4）技能性目标：通过动手操作实践，能烘焙食品、制作酸奶和销售产品。<br>（5）创造性目标：能够发现问题，及时思考问题，并能利用网络等工具创造性地解决问题 | | |
| 活动安全 | （1）正确使用相关的烘焙工具，使用工具时要注意安全。<br>（2）制作过程中，要保持干净卫生，注意食品卫生安全。<br>（3）售卖过程中，要保管好财物，注意财产安全 | | |
| 活动准备 | （1）列一张表格，确定要做的食品（蛋糕、饼干、酸奶等）及花费的时间等。<br>（2）准备好工具、食材等。<br>（3）手机或相机 | | |
| 活动过程 | 以烘焙制作饼干并售卖为例：<br>（1）准备食材：低筋面粉150克，黄油80克，糖粉40克，鸡蛋30克，盐1克，可可粉3克。<br>（2）制作饼干：<br>① 无盐黄油室温软化，并加糖粉，用打蛋器打至顺滑；<br>② 加入鸡蛋，用打蛋器搅拌均匀；<br>③ 加入盐和低筋面粉，用刮刀搅拌均匀；<br>④ 将拌好的面团分成2等份，其中一份中加入可可粉，拌均匀；<br>⑤ 将可可粉面团和白面团分别装保鲜袋中，放冰箱中冷冻半小时左右；<br>⑥ 从冰箱中取出冷冻好的面团，分别擀成0.3~0.5厘米厚的面皮；<br>⑦ 用模具印出各种图案，放入铺好锡纸的烤盘上；<br>⑧ 烤箱180℃预热，上下火，放中上层烤12分钟左右出炉。 | | |

| 活动过程 | （3）包装饼干：对新出炉的饼干进行包装，照相备用。<br>（4）售卖饼干：选定适合的时间、地点，售卖自制饼干，同时用手机或相机记录售卖过程 |
|---|---|

## 活动感慨

## 总结反思·讲感触

| 本活动我感触最深的是 | |
|---|---|
| 本活动我有优势的地方是 | |
| 本活动我欠缺的地方是 | |
| 未来我将采取的措施是 | |
| 想对自己说 | |

劳动是幸福之父。——富兰克林

## 活动拓展·聊感慨

### 走进企业

结合学校企业实践,组织学生到糕点制作场所学习烘焙食品、制作酸奶和销售产品的方法。

### 活 动 感 慨

# 主题六　提升劳动技能

随着社会经济的快速发展，社会和企业对技术人才的要求越来越高。职校生必须提高自身的劳动技能，才能成为新时代社会渴求的高素质应用型人才。因此，我们要不断加强劳动技能的习得，同时积极响应国家的号召，投身创新创业的时代潮流，激发创新精神和创造热情。

素质是立身之基，技能是立业之本。广大劳动群众要勤于学习，学文化、学科学、学技能、学各方面知识，不断提高综合素质，练就过硬本领。要立足岗位学，向师傅学，向同事学，向书本学，向实践学。三百六十行，行行出状元。任何一名劳动者，无论从事的劳动技术含量如何，只要勤于学习、善于实践，在工作上兢兢业业、精益求精，就一定能够造就闪光的人生。

——2016年4月26日，习近平在知识分子、劳动模范、青年代表座谈会上的讲话

## 11  创业，你准备好了吗

电影《中国合伙人》是一部根据真人真事改编的励志故事，故事讲述教育机构"新梦想"的三位创始人艰辛的创业历程，以及他们苦尽甘来，改变自身命运，最终实现"中国式梦想"的故事。

电影开始于20世纪80年代，成东青（黄晓明饰演），农村出身的"土鳖"，两次高考落败，眼看就要屈服于当农民的命运，他最后一搏，背下整本英文字典，从明眸变成近视眼，第三次考试，考上燕大。孟晓骏（邓超饰演），精英知识分子，强烈自信，内心认定自己永远是最优秀的那个。王阳（佟大为饰演），80年代的浪漫派，样子俊朗，热爱文学，一生的梦想是当个诗人。这样三个各走极端的人在燕大相遇，戏剧性地建立友谊，共同走过人生的变化。

汇聚点滴力量，实现创业梦想。随着我国经济的不断发展和调整，小微企业逐步登上了中国经济发展的舞台，并占据了举足轻重的地位。分析小微企业的成长之路，我们不难发现，合伙创业的成功案例比比皆是。电视节目《中国合伙人》通过镜头来展现"中国合伙人"的创业风采，分享他们的成功经验，讲述他们的财富传奇，纪录他们的项目经过，这是《中国合伙人》节目的立意所在。节目中集中展现典范合伙人一起创业的风采，讲述他们共同创业致富背后的辛酸故事，启迪和鼓舞每一个有创业冲动的有志者去为自己的理想而奋斗。

### 思 考

1. 电影《中国合伙人》中主人公第一次创业失败的原因是什么？
2. 电影《中国合伙人》给我们带来哪些启示？

## 参与活动·谈感受

## 创意插花

### 一、活动主题

创意插花。

### 二、活动内容

花艺 DIY。

### 三、活动宗旨

1. 通过插花实践活动，掌握插花的操作方法及要领，会自己设计并且制作插花。
2. 通过体验插花活动，激发同学们的动手能力、审美能力和创新思维能力，增进同学之间的相互交流，提升团队合作能力。
3. 通过师生共同评价作品，让同学们感受到成功的喜悦，激发同学们学习劳动技能知识和进行劳动创作的欲望。

### 四、活动主体

全班同学。

### 五、活动实施

1. 前期准备：召开班级动员会，收集插花的方法、插花艺术在人们生活中的作用和关于插花的材料，强调活动的重要意义。
2. 活动过程：

（1）创设情景：展示不同风格的鲜花插花作品让同学们欣赏，开阔眼界，激发同学们对创意插花的兴趣。

（2）欣赏插花艺术，交流对创意插花的感受。

（3）了解几种常见的插花造型及创意插花的方法和步骤，引导同学们交流，如：插花所用的材料及工具、花材的配合、色彩的搭配等。

（4）学生分组：确定本组创意插花的主题和造型，根据设计稿进行插花实践。教师巡视、指导，并帮助解决问题。

> 劳动一日，可得一夜的安眠；勤劳一生，可得幸福的长眠。
> ——达·芬奇

（5）安全教育。

3．成果分享：同学们展示插花作品，进行自评、互评，吸取同学的建议，对作品进行调整完善。

4．活动总结：同学们谈收获和想法。先由小组分享总结，然后全班进行总结表彰。

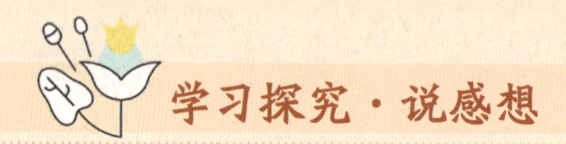

## 活动感受

## 学习探究·说感想

### 一、创新创业的内涵

创新是创业的基础和前提。创新是一种思维的转变，强调的是开拓性与原创性；而创业是创新的表现形式，是创新的体现，即通过实践行动来获取利益。创新创业是以创新的思维在市场中创造出新的产品（品牌）或服务，开启新的商业模式，开辟新的工作途径，从而实现某种追求和目标。创新创业又区别于传统创业，它打破了人们对创业的现有认知，在知识、技术、管理、服务等方面开创新的局面。创新创业会面临比传统创业更高的风险，但也能够获取更多的竞争优势，带来更大、更多的新价值，同时，获得更大的回报。

创新引领了未来，创业成就了梦想。创新创业使自我价值得到了体现与升华，催生了新业态、新经济、新模式、新职业，引领了一个新的就业潮流。

## 二、创新创业的途径

1. 创新创业大赛

目前主流的赛事有"互联网+""挑战杯""创青春"等，创业大赛为学生创业者提供了锻炼能力的机会和舞台。通过这个平台，可熟悉创业程序，储备创业知识，积累创业经验，接触和了解社会。这个阶段算是项目的实战检验。

2. 网络创业

网络创业利用现成的网络资源，在网上注册成立网络店铺或者网上加盟店，网络创业门槛低、成本少、风险小、方式灵活。

3. 加盟连锁店创业

这种创业的特点是利益分享，风险共担，创业之初只需要支付一定的加盟费，就能借用加盟商的金字招牌，并利用现成的商品和市场资源，还能长期得到专业指导和配套服务。

4. 学校的创业孵化器及社会上的众创空间、创业加速器等

这些空间为实战的创业项目提供办公及各类资源服务支持，为创业项目的进一步发展提供全方位服务。这个阶段是项目进行升级壮大的时期。

5. 合作创业（团队创业）

合作创业（团队创业）在各个方面能够优势互补，相对而言成功率高于个人独自创业。

> 生产劳动和教育的早期结合是改造现代社会的最强有力的手段之一。——马克思

## 最美劳动者

### 专注创新的技改专家——刘勇

他出身机修钳工，却被称为技改专家。他从一名普通工人成长为精通机修、模具、工装夹具的工程师。他就是刘勇，重庆宗申航空发动机制造有限公司样件工程师。

1982年，17岁的刘勇进入原重庆柴油机配件厂，成为一名机修钳工。经过不断的摸索成长，到20世纪90年代初期，刘勇已经成为机修组年龄最小的组长、厂里的技术骨干。2007年6月，刘勇加入宗申集团，成为一名模具维修工。2010年，公司发现当时生产的一款摩托车点火系统不太稳定，原因在于生产环节中缺少一个工装夹具。经过反复试验，刘勇花了半个月时间研发出CG125曲轴压装机夹具，解决了这一问题。2013年，以他名字命名的"重庆市刘勇首席技师工作室"获得授牌。2016年，宗申集团又成立了"刘勇劳模机修创新工作室"。同年，宗申集团加大产业升级力度，瞄准航空发动机等新兴制造产业。刘勇被调往宗申航空发动机制造有限公司担任航空发动机零部件样件工程师。2017年6月，国产"太阳之鹰"自转旋翼机在河南成功实现载人飞行。而"太阳之鹰"挂载的正是宗申航空发动机制造有限公司C115型航空活塞发动机，国产飞行器用上了"中国心"。

刘勇一辈子都专注一件事——不断创新，进行技术改造，让设备装置的效率更高、成本更低。2018年，刘勇获得"全国五一劳动奖章"。

## 最美劳动者

### 精雕细琢铸就成功——郑权

郑权，黄山职业技术学院2017级雕刻艺术设计专业的学生。他出生于具有浓厚徽雕艺术氛围的安徽宿州，从小就被雕刻深深吸引，痴迷于那种化腐朽为神奇的力量。

2017年9月，郑权进入黄山职业技术学院。入学不久，郑权就参与了校内建筑石雕项目集训队的初选赛。同年11月，通过校内选拔赛，他成功加入市集训队。随之而来的就是一年的封闭式集中训练。枯燥是集训的主旋律，一遍又一遍，直至百遍千遍，在机械重复中，雕刻的基本功不断夯实。同时，队员的体力和耐力也在不断经受考验和提升。往往一天下来，双手满是水泡，衣衫湿透。每天泡在9平方米的工作坊里，跟石头较劲，乐此不疲。正是这股韧劲，让郑权过关斩将，先后荣获市选拔赛、省选拔赛、国家选拔赛第一名。2018年6月，他成功晋级国家集训队，成为热门的"种子"选手。

进入国家集训队后，更高强度的训练和更严苛的选拔接踵而来。7小时是集训队训练的常态化时间，他主动向集训教练申请，要求训练时间加长到12小时。在不断严格要求和重复练习下，郑权的雕刻技艺愈发精湛，自信心也得到提升。最终，在国家集训队考核中脱颖而出，拔得头筹，代表中国出战第45届世界技能大赛建筑石雕项目。

博观而约取，厚积而薄发。在俄罗斯喀山赛场上，郑权以其精湛的雕刻技艺征服了在场评委，一举夺得金牌，实现了我国在该项目上金牌零的突破。

# 劳动体验·话感悟

## 创园劳动体验

| 活动目的 | 提升劳动技能 | 活动范围 | 创客工坊 |
|---|---|---|---|
| 活动内容 | （1）陶艺体验；（2）海报制作；（3）创意制品 ||||
| 活动目标 | （1）认知性目标：通过活动促使学生提高劳动技能，培养学生养成良好的劳动习惯和创新能力。<br>（2）参与性目标：激发兴趣，自主学习，体会成功乐趣，增强学生学好知识、掌握技能的信心。<br>（3）体验性目标：享受制作中的创造乐趣，增强学生的美感，培养学生的审美能力和创造力，增强集体协作精神。<br>（4）技能性目标：掌握操作方法及要领，通过造型的设计及工艺的实践，能够独立操作完全部工艺流程，做出成品。<br>（5）创造性目标：能够发现问题，并能利用网络等工具创造性地解决问题 ||||
| 活动安全 | （1）安全教育，遵守陶艺创造的相关操作手册。<br>（2）陶艺的制作工具有很多比较尖锐的部分，正确使用制作工具，使用工具时要注意安全。<br>（3）注意设备安全、用电安全、消防安全 ||||
| 活动准备 | （1）陶艺作品设计稿。<br>（2）各种制作陶艺的相关工具 ||||
| 活动过程 | 以陶艺体验为例：<br>（1）欣赏陶艺作品，谈谈自己的感受。通过网络了解我国陶瓷艺术的辉煌成就和悠久的历史，从陶艺外形、纹饰及釉色等方面欣赏陶瓷艺术，分析陶艺作品的艺术风格和表现手法。<br>（2）学习陶艺的基本制作过程（视频），掌握陶艺作品基本成型方法。<br>（3）认识制陶工具：转台、木拍子、修刀、刮刀、泥塑刀、泥浆、其他工具（擦布、毛笔等）。<br>（4）感悟泥性。让同学们通过亲手玩泥巴，并相互交流对泥的感受与成型方法，体会泥的特性。学习运用泥巴的技巧，学会控制泥巴，掌握初步的练泥、擀泥、搓泥方法。 ||||

| 活动过程 | （5）运用泥条盘筑成型的表现技法，制作一件泥条盘筑成型表现的作品。<br>（6）展示学生作品，自评、互评，老师点评。<br>（7）分享制作感受 |
|---|---|

## 活动感慨

## 总结反思·讲感触

| 本活动我感触最深的是 | |
|---|---|
| 本活动我有优势的地方是 | |
| 本活动我欠缺的地方是 | |
| 未来我将采取的措施是 | |
| 想对自己说 | |

灵感，是由于顽强地劳动而获得的奖赏。——列宾

## 活动拓展·聊感慨

### 走进创业园

对创业团队创新与创业、孵化与投资过程进行了解，感受创业激情。

### 活动感慨

人类是劳动创造的，社会是劳动创造的。劳动没有高低贵贱之分，任何一份职业都很光荣。广大劳动群众要立足本职岗位诚实劳动。无论从事什么劳动，都要干一行、爱一行、钻一行。在工厂车间，就要弘扬"工匠精神"，精心打磨每一个零部件，生产优质的产品。在田间地头，就要精心耕作，努力赢得丰收。在商场店铺，就要笑迎天下客，童叟无欺，提供优质的服务。只要踏实劳动、勤勉劳动，在平凡岗位上也能干出不平凡的业绩。

——2016年4月26日，习近平在知识分子、劳动模范、青年代表座谈会上的讲话

## 12  面向现代化，面向世界，面向未来

梁启超在《少年中国说》中写道："故今日之责任，不在他人，而全在我少年。少年智则国智，少年富则国富，少年强则国强，少年独立则国独立，少年自由则国自由，少年进步则国进步，少年胜于欧洲则国胜于欧洲，少年雄于地球则国雄于地球。红日初升，其道大光。河出伏流，一泻汪洋。潜龙腾渊，鳞爪飞扬。乳虎啸谷，百兽震惶。鹰隼试翼，风尘翕张。奇花初胎，矞矞皇皇。干将发硎，有作其芒。天戴其苍，地履其黄。纵有千古，横有八荒。前途似海，来日方长。美哉，我少年中国，与天不老！壮哉，我中国少年，与国无疆！"

### 思 考

1. 青年与祖国富强的关系是什么？
2. 梁启超的《少年中国说》对于今天和今后的中国和中国青少年，具有怎样的教育意义？

## 参与活动·谈感受

## 珍爱生命，安全第一

### 一、活动主题
珍爱生命，安全第一。

### 二、活动内容
开展"珍爱生命，安全第一"劳动安全教育主题班会活动。

### 三、活动宗旨
1．增强安全意识，让同学们懂得一些基本常用的劳动安全知识，积极预防危险的发生并提高基本的自我保护能力。
2．了解和掌握更多的劳动安全常识、自我保护知识，树立劳动安全意识。
3．通过自主体验、自我感受，养成良好的劳动安全习惯。

### 四、活动主体
全班同学。

### 五、活动实施
1．前期准备，安排同学排练在劳动过程中用劳动工具打闹的场景。
2．主持人宣布班会正式开始，引出我们劳动安全的重要性。
3．创设情景，两位同学表演在做大扫除的时候，用劳动工具互相打闹，结果不小心一位同学受伤了。请同学们分组讨论：在学校劳动中还存在哪些安全隐患？
4．明确存在的安全隐患，如擦门窗的时候；搬运劳动工具的时候；我是大力士，我要干最重的活，结果受伤了；在劳动时不服从安排；劳动工具乱摆放……
5．面对这些可能出现的安全隐患，我们要在劳动中注意哪些安全问题？请同学积极发言。
——擦门窗的时候要扶好固定物，如果是高楼层的窗户就不要擦洗；
——搬运劳动工具的时候，在路上不要拿着工具追跑打闹，注意工具不要碰伤他人；
——劳动时量力而行，不要逞强；

> 荣誉在于劳动的双手。
> ——达·芬奇

——遵守劳动纪律，服从安排听指挥；

——劳动完后收好劳动工具。

6. 总结。在劳动过程中锻炼了自己，培养了自己的动手能力，但是一定要注意安全，时刻牢记。

## 💬 活动感受

## 学习探究·说感想

### 一、树立劳动安全意识

劳动安全，是为防止劳动者在劳动中发生伤亡事故，保障劳动者安全和防止生产设备遭到破坏而制定的各种规范。

为保障劳动者的安全，国家出台了相应的法律法规。宪法中规定了中华人民共和国公民有劳动的权利和义务。更多的法律规范了劳动安全，如《中华人民共和国安全生产法》《中华人民共和国职业病防治法》《中华人民共和国劳动法》《中华人民共和国工会法》《中华人民共和国消防法》《中华人民共和国环境保护法》《中华人民共和国突发事件应对法》《中华人民共和国道路交通安全法》等。

劳动安全意识就是人们所从事的生产活动中的安全意识，是人们对生产活动中的人、物和环境免受危害的认知、情感和意志的心理活动的总和。劳动安全意识包含劳动安全认知（知识、法规和技能）、安全情感（理智和道德）、安全意志（自觉、自律、果断和坚韧）三个层面。

树立劳动安全意识。良好的安全意识是指可以预见危害，给人以警示的意识。它对客观状态有能动性和推动作用，它作为一种精神力量，对个人、群体及社会都会产生影响。如果在劳动生产过程中安全意识高、风险意识强、危机意识超前，对未来发展中的危害有预见性，则能大大减少伤害，控制事故的发生。

### 二、劳动实践中的安全注意事项

劳动创造财富，劳动创造美，劳动给我们带来快乐和收获，但有时也会给我们带来伤害。在劳动实践活动中注意劳动安全，才能真正从劳动中享受喜悦与成功，收获快乐和健康。坚持安全第一，也是对国家负责，对企业负责，对人的生命负责。以下列举了在劳动实践中的安全注意事项：

（1）开始劳动实践活动前了解劳动方法，对劳动工具及设备运转进行检查，必要时佩戴相应的保护用品并合理使用保护用品和保护装置；

（2）劳动实践过程中，水源、电源、气源和工具设备的规范使用；

（3）劳动者注意力集中，不与人聊天打闹；

（4）对有毒有害物质危及劳动者身体健康或引发职业病采取防范措施，注意劳动卫生；

（5）制订完善的劳动伤害应急处理方案。

## 三、劳动权益保护

劳动是人作为社会人所从事的最普遍的社会活动，它从传统的人身依附关系到现代劳动权利形成经历了漫长发展过程。在这过程中，劳动者权利意识的不断增强使得劳动权保护的方式日趋法治化，劳动权在人身权利构成中占据越来越重要的地位，劳动权保护的程度也成为衡量人权保护水平的重要标准。

我国劳动保护制度大体可以分为两个部分，一部分侧重于劳动法律、法规实施情况的监督检查，主要有劳动保障执法部门、县级以上人民政府相关部门和工会等群众组织；另一部分侧重于劳动争议产生后的解决，处理程序包括协商、调解、仲裁和诉讼四个环节，主要机构有调解组织、劳动争议仲裁委员会和人民法院。为了保护劳动者的合法权益，调整劳动关系，建立和维护适应社会主义市场经济的劳动制度，促进经济发展和社会进步，根据宪法，1994年7月5日第八届全国人民代表大会常务委员会第八次会议通过了《中华人民共和国劳动法》。目前我国劳动法为劳动者提供的保障、保护主要有：劳动者享有平等就业和选择职业的权利、取得劳动报酬的权利、休息休假的权利、获得劳动安全卫生保护的权利、接受职业技能培训的权利、享受社会保险和福利的权利、提请劳动争议处理的权利及法律规定的其他劳动权利。

劳动者权益保护方面的法律是一系列的劳动保护法律法规，还有《中华人民共和国劳动合同法》《中华人民共和国社会保险法》等其他法律法规。

> 劳动是一切知识的源泉。
> ——陶铸

## 最美劳动者

### 新生代"大国工匠"——宋彪

2017年10月,江苏省常州技师学院14级学生宋彪,荣获第44届世界技能大赛工业机械装调项目金牌,并以所有参赛选手最高分荣获参赛选手最高奖项——阿尔伯特·维达尔奖。

天赋和兴趣往往是一项事业发展的开端。宋彪的父亲也是一名技术工人,在家庭氛围熏陶下,宋彪在童年时就对"拆东西"特别感兴趣,这也是他走上技术之路的最初缘由。

2014年的开学季,宋彪成为一名技校生。打基本功阶段,宋彪需要学习使用锉刀,这是打造模具的开始。几天下来,手上就都是水泡。但训练不能停,就直接垫上纸去练习。他告诉自己要打好基本功,再痛也一定要拿好工具。2016年11月,6位年轻人进入国家队工业机械装调项目训练,争夺出征第44届世界技能大赛的唯一名额。以第三名的成绩进入国家队的宋彪,要想争夺这个唯一的名额,难度可想而知。经过6进3、3进2、2进1的淘汰选拔,最后宋彪如愿成为代表国家出战该项目的唯一正式选手。

世界大赛如期而至,宋彪抽到的题目是制作脚踏动力水净化器。它的制作原理是通过脚踏车来提供动力,把污水净化成干净的水,实际上是要完成一个污水处理系统。这是一道宋彪从来没有见过的题目。这不仅是一场顶尖技能的较量,更是心理素质的考验。在场的13名选手,有一半因为过于紧张,最终没能在规定时间内完成这道题目。而宋彪则稳住心态,稳定发挥,最终以15分的绝对优势锁定胜局,一举拿下该项目冠军。

赛后,宋彪感慨道:"拥有精湛的技能,一样可以让生命熠熠生辉。"

## 最美劳动者

### 让非遗的活力重现民间——孙艳玲

　　孙艳玲，满族人，国家级非物质文化遗产渤海靺鞨绣第四代传承人，全国人大代表。孙艳玲的姥姥是一个绣艺不凡且热心肠的人。邻里有喜事请她绣些绣品，她从不推辞，欣然应允。自小在姥姥身边长大的孙艳玲，在耳濡目染、潜移默化下，也被满绣的魅力深深吸引。6岁时，她人生中第一次拿起针线，动手做起了满绣针线活儿。从那时的歪歪扭扭、惹人笑意，到如今游刃有余、技艺精湛，一晃就是36年。

　　满绣，距今已有1300多年的悠久历史。在漫长的发展过程中，满绣结合东北地区实情，形成了别具一格的技艺针法——鸡爪针法。此种针法从缝制过冬皮草发展而来，慢慢演变应用于刺绣，但有一个极大的缺点，针脚叠加最后会形成一个死点，影响刺绣作品的美观。孙艳玲深知古老技艺唯有与时俱进、推陈出新，才能焕发新的生命活力。她通过查阅大量文献、走访众多满绣技艺人，梳理、改良、发展原有技法，并开发了新的刺绣技法——"三角针"针法。新针法避免了原针法死点集中的情况，死点分散，极大地增强了绣品的立体感，色层丰富，逼真感更足。

　　2005年，孙艳玲在家乡创办了职业技能培训学校，专门招收学员学习满绣技艺。如今，孙艳玲更多时间做着钻研技艺和普及教育的工作，她希望在技艺上有更多创新、发展，也希望吸引更多人来了解、喜爱满绣，学习、传承满绣技艺。

## 劳动体验·话感悟

### 创园劳动体验

| 活动目的 | 提升劳动技能 | | 活动范围 | 创客工坊 |
|---|---|---|---|---|
| 活动内容 | 学生在创客工坊中学习设计制作自己的作品 ||||
| 活动目标 | （1）认知性目标：通过活动，让同学们了解当今世界一些前沿的科学领域，激发他们对科技的兴趣。<br>（2）参与性目标：让同学们注重学习与现实世界的联系，注重学习的过程，而非传统书本学习上的知识积累。<br>（3）体验性目标：让同学们自己动手完成他们感兴趣的、并且和他们生活相关的项目，从过程中学习各种学科及跨学科的知识。<br>（4）技能性目标：掌握操作方法及要领，通过创客工坊中的学习，能够设计制作出自己的作品。<br>（5）创造性目标：通过学习、讨论、分享，激发学生的想象能力，培养他们的创新能力，锻炼他们的自主学习和思考能力 ||||
| 活动安全 | （1）遵守创客工坊相关操作手册。<br>（2）听从创客工坊老师的安排 ||||
| 活动准备 | 设计创客工坊：<br>伴随科学技术的高速发展、互联网广泛运用，3D 打印技术、Arduino 等开源硬件平台日趋成熟、新能源新科技的运用普及化，越来越多热衷于将创意变成行动的青年人踏上了"创客"之路，基于设计、分享、交流、制作等方式的创客运动正在席卷全球。<br>具体创建创客工坊，需要硬件建设和软件建设。其中硬件建设包括创客活动所需要的空间、基础设施、活动用具等；软件建设包含创客课程，注重引进校外先进技术、优质课程等资源 ||||
| 活动过程 | 以 3D 打印技术为例：<br>（1）在创客工坊中欣赏 3D 打印出来的花瓶。<br>（2）同学们参与到 3D 打印花瓶这个活动中来。<br>（3）跟着老师学习利用 3D 软件制作一个花瓶。<br>（4）同学们观察花瓶的特点（花瓶的截面图，由直线和曲线组成）。 ||||

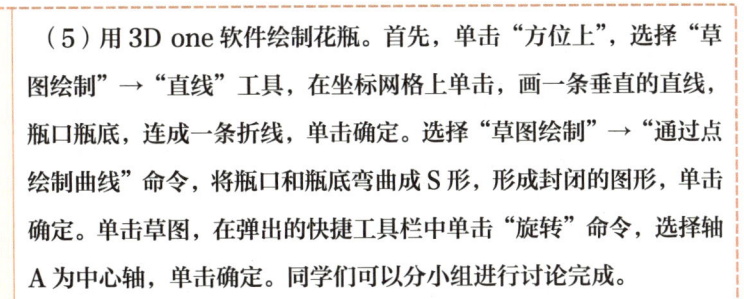

| | |
|---|---|
| 活动过程 | （5）用3D one软件绘制花瓶。首先，单击"方位上"，选择"草图绘制"→"直线"工具，在坐标网格上单击，画一条垂直的直线，瓶口瓶底，连成一条折线，单击确定。选择"草图绘制"→"通过点绘制曲线"命令，将瓶口和瓶底弯曲成S形，形成封闭的图形，单击确定。单击草图，在弹出的快捷工具栏中单击"旋转"命令，选择轴A为中心轴，单击确定。同学们可以分小组进行讨论完成。<br>（6）制作瓶体空心。观看老师操作，再自己操作。单击瓶体，在弹出的快捷工具栏里，选择"抽壳"命令，同学们注意厚度中的"-0.5"，负号不表示负数，而是表示抽壳方向，这里表示向里抽壳。开放面选择瓶口，单击完成。<br>（7）完成打印。<br>（8）作品展示，作品交流 |

## 活动感慨

## 总结反思·讲感触

| | |
|---|---|
| 本活动我感触最深的是 | |
| 本活动我有优势的地方是 | |
| 本活动我欠缺的地方是 | |
| 想对自己说 | |

> 劳动的成果是所有果实中最甜美的。
> ——佛夫那格

## 活动拓展·聊感慨

**走进创客工坊**

在创客工坊中利用 VI（Visual Identity）技术设计自己作品的标志图标。

## 活动感慨